Studien zum sozialen Dasein der Person

herausgegeben von

Prof. Dr. Frank Schulz-Nieswandt

Band 36

Frank Schulz-Nieswandt

Digitalisierung der Selbsthilfe

Sozialrechtliche Fragen und ethische Dimensionen ihrer öffentlich-rechtlichen Förderung

Onlineversion
Nomos eLibrary

Die Deutsche Nationalbibliothek verzeichnet diese Publikation in der Deutschen Nationalbibliografie; detaillierte bibliografische Daten sind im Internet über http://dnb.d-nb.de abrufbar.

ISBN 978-3-8487-6923-0 (Print)
ISBN 978-3-7489-1014-5 (ePDF)

1. Auflage 2020

Inhaltsverzeichnis

Verzeichnis der Schaubilder

Zusammenfassung

Die Digitalisierung verändert auch die gesundheitsbezogene Gegenseitigkeitshilfe über alle Ebenen hinweg (Verbände der Selbsthilfe, regionale Kontaktstellen, Selbsthilfegruppen) im Sinne des § 20h SGB V. Die Studie diskutiert die Auswirkungen (Chancen und Risiken) dieses Sachverhalts und die Möglichkeiten und Grenzen einer öffentlichen Förderung digitalisierter Selbsthilfe im Sozialrecht. Dabei steht die These der Erosion der klassischen Selbsthilfegruppenbewegung im Vordergrund. Kann man die Hypothese validieren? Die zweite Hypothese verweist auf die Transformation der Verbände zu Service-Institutionen für Dritte als passive Konsumenten. Nicht betroffen von solchen Risiken sind die regionalen Kontaktstellen, da diese ohnehin professionelle Gebilde der Förderung von Selbsthilfeaktivitäten darstellen. Auch hier stellt sich die Frage nach der Validierung dieser zweiten Hypothese.

Abstract: Digital transformation is changing the future of the health-related self-help movement on different levels between self-help groups, regional institutions promoting self-help activities and political self-help organizations. The study is discussing utilities and risks and the possibilities of public promotion of digital self-help dynamics in the context of § 20h Social Code Book V. With reference to critical theory the analysis is explaining the possibility of the character of the self-help movement as moral economy of mutual solidarity, when the self-help movement is on the transgressive pathway to digital social services related the passive patterns of utilization by consumers not involved in real activities of solidarity of mutual caring following the logic of reciprocity.

Die **Hauptthese** auf einer übergeordneten Argumentationsebene lautet: Es ist weitgehend nicht die Frage, **ob** die digitale Modernisierung der Selbsthilfeaktivitäten auf den verschiedenen Organisations- und Handlungsebenen öffentlich bzw. öffentlich-rechtlich im Sinne der kompetenzorientierten Befähigung (in Fragen der Bildungsmedien: Wunder, 2018) und der infrastrukturellen[1] Ermöglichung gewährleistungsstaatlich[2] gefördert werden sollte. Probleme liegen auf der Ebene der Frage nach dem vor allem rechtlich abgesicherten, machbaren, angemessenen und effektiven **Wie**. Dies auch, weil die Digitalisierung auf unendliche Weiten des Möglichen verweist und das Thema leicht umkippt in strukturelle Grenzenlosigkeit.

---

1 Arbeitsteilige Gesellschaften benötigen die Integration der spezialisierten Teile des Funktionsgefüges. Zur Funktionsfähigkeit der Lebensführung in einer Gesellschaft, in der nicht alle alles selbst („Autarkie") herstellen, benötigt der Mensch die Chance, seitens der Gesellschaft universal bereitgestellte Güter und Dienstleistungen existenzieller Art zu nutzen. Es geht um Basisgüter des täglichen Lebens. Wasser ist eine allgemeine, heilige Ressource in der Kulturgeschichte; Energie, Mobilität durch Verkehrssysteme, Zugang zu Wissen, Informationen, Bildung ist genauso anzuführen, wie es Care- und Cure-Dienstleistungen oder Wohnen etc. sind. Infrastruktur bezeichnet den Komplex von öffentlich relevanten Gütern und Dienstleistungen der Daseinsvorsorge des Gewährleistungsstaates in modernen, arbeitsteiligen Gesellschaften und transregionalen bzw. internationalen Transaktionsräumen, die einerseits für die Funktionsfähigkeit des Alltags der Menschen von existenzieller Bedeutung sind, andererseits der funktionalen Integration der arbeitsteiligen Volkswirtschaften und der Entwicklung ausgeglichener Funktionsräume im Sinne der Raumordnung und ihrer Siedlungsstruktur in dynamischen Marktwirtschaften verschiedenen Typs (Varieties of Capitalism) dienen. Die Infrastruktur umfasst ökonomisch-technische Komplexe (wie Energie, Wasser, Verkehr, Abfall, Telekommunikation etc.), aber auch soziale Komplexe (wie Bildung und Kultur, Medizin und Pflege, Wohnen). Die Schnittbereiche zwischen Wirtschaftspolitik und Sozialpolitik sind innerhalb der gestaltenden Gesellschaftspolitik zu beachten: Wirtschaftspolitik hat sozialpolitische Aspekte; die Sozialpolitik hat wirtschaftspolitische Bedeutung. Investitionen in die Gesundheit und Bildung, aber auch die Wohnungspolitik oder die Verkehrspolitik verdeutlichen dies.

2 Der soziale Rechtsstaat soll existenziell wichtige Güter und Dienstleistungen als Infrastruktur der Sorgearbeit des Alltagslebens und des Wirtschaftens garantieren, allerdings hierzu nicht unbedingt selbst Akteur der Sicherstellung sein. Fundamentaler Akteur der Zivilisierung der bürgerlichen Gesellschaft und ihrer liberalen Demokratie ist der Rechtsstaat. Der Sozialstaat ist die materielle Form, die er annehmen kann und im Völker-, Europa- und bundesdeutschen Verfassungsrecht annimmt. Der soziale Rechtsstaat hat die Sozialschutzsysteme und die Dienstleistungen von allgemeinem öffentlichen Interesse im Sinne der Daseinsvorsorge in Bezug auf die Infrastruktur (Energie, Verkehr, Telekommunikation, Wasser bzw. Abwasser, Abfall, Kredit- und Geldwirtschaft, aber auch Wohnen, Gesundheit, Pflege, Bildung sowie höhere Kultur etc.) zu gewährleisten: Er ist Gewährleistungsstaat. Gewährleistung und Sicherstellung können aber auseinanderfallen. Der Staat kann unmittelbar selbst in die Sicherstellungsrolle mithilfe öffentlicher Einrichtungen und Dienste im Unternehmerstatus oder im Verwaltungsstatus (Inhouse-Prinzip) eintreten (z. B. Stadtwerke, öffentliches Bildungswesen, öffentliches Gesundheitswesen) oder die Leistungserstellung öffentlicher Güter delegieren. Nach europäischem und bundesdeutschem Recht delegiert (Ausschreibung nach obersten

Die nachfolgenden **ob**-bezogenen Thesen sind vereinfachte Paraphrasen der Argumentation der Expertise.

1) **Digitalisierung und Teilhabechancen**: Die grundrechtlich fundierte Idee der Teilhabe prägt das System der Gesetzbücher. Aus dem national verbindlichen Völkerrecht der UN-Grundrechtskonvention für Menschen mit Behinderungen (mit weiter Auslegung mit Blick auf Ursachen für und Formen von Ausgrenzungen, Beeinträchtigungen und Benachteiligungen) ist das Grundrecht auf Teilhabe auf dem gesellschaftlich möglichen technologischen Niveau herzuleiten. Dies bedeutet ein Grundrecht auf Teilhabe an digitalen Wegen und Räumen der selbstbestimmten Partizipation am Gemeinwesen. Diese Digitalisierung soll uns aber nicht beherrschen und entmündige. Sollten uns die Digitalisierung unter dem Schein der technischen Befähigung allgemein zur daseinsbezogenen Unfähigkeit treiben (Stiegler, 2008)?

Völkerrechtliche Verankerung: Im Völkerrecht ist zugleich der Befähigungsansatz des sozial- und gesellschaftspolitischen Denkens verankert. Daraus ist die Aufgabe des sozialen Gewährleistungsstaates (Wohlfahrtsstaat) in Kooperation mit der gemeinwohlorientierten Zivilgesellschaft (Wohlfahrtsgesellschaft) abzuleiten, technische Infrastrukturen digitaler Beteiligungschancen sowie auch die Kompetenzen zur Nutzung digitaler Möglichkeitsräume zu fördern.

2) **Gemeinwohlrelevanz und Daseinsvorsorgebezug**: Angesichts der Gemeinwohlbedeutung der Selbsthilfeaktivitäten (wie sie in § 20h SGB V sowie in § 45 SGB XI definiert sind) ist es naheliegend, die Förderung der Digitalisierung der Selbsthilfeaktivitäten als Element in einer modernen, sozialraumorientierten[3] Daseinsvorsorge als Gewährleistungsaufgabe aufzufassen (zum Raumbegriff vgl. Glossar).

Rechtsprinzipien der Gleichbehandlung und Transparenz, Betrauung gemäß regulativen Vorgaben etc.) der soziale Rechtsstaat als Gewährleistungsstaat an Quasi-Märkte des Wettbewerbs zwischen verschiedenen Unternehmenstypen inkl. des Dritten Sektors, reguliert und finanziert (voll oder teilweise) aber die Leistungserbringung.

3 Sorgende, ressourcenfundierte Netzwerke der gegenseitigen Hilfe oder der Hilfe für Dritte: Gemeint sind lokale sorgende Gemeinschaften als Netzwerkbildungen, die soziale Unterstützungen bieten für Dritte (freiwillige Fremdhilfe) oder für Mitglieder auf der genossenschaftsartigen Grundlage der Gegenseitigkeit (Reziprozität). Solche Sorgenetzwerke sind Mischungen (Koproduktionen) aus informellen Ressourcen (Angehörige, Freunde, Nachbarschaften und [altruistisches] Ehrenamt) und formellen Ressourcen der Infrastruktur (Professionen von Einrichtungen und Dienstleistungen, auch des Dritten Sektor) und stellen einen Welfare-Mix dar. Die Unterstützungsleistungen zählen zum Sozialkapital. Die Bildung von Caring

Digitale Strukturen können die Selbsthilfeaktivitäten auf lokaler/regionaler Ebene (**Mikroebene**) stärken, einerseits z. B. für mobilitätseingeschränkte Menschen, andererseits gerade auch in strukturschwachen, dünn besiedelten und schrumpfenden (ländlichen) Räumen, in denen Verkehrsinfrastruktur erodiert. Zu bedenken ist ferner und insbesondere die besondere Bedeutung digitaler Hilferäume im Fall von räumlich weit gestreuten Prävalenzen bei seltenen Erkrankungen.

3) **Digitale Modernisierung der Meso- und Makroebene**: Auf der Ebene der Arbeit der lokalen/regionalen Kontaktstellen zur Förderung der Selbsthilfeaktivitäten sowie der Selbsthilfeorganisationen verbandlicher Art auf Landes-, Bundes- oder Spitzenverbandsebene ist die Digitalisierung ebenso eine notwendige Modernisierungsaufgabe.

Es wäre zu erwägen, wie hier die Investitionsverantwortung der Träger von Kontaktstellen als Investition in die Sozialraumbildung öffentlich bzw. öffentlich-rechtlich gefördert werden kann.

Auf der verbandsorganisatorischen Ebene der Selbsthilfeaktivitäten stellt sich das Thema aspektenreich dar. Die Förderung der digitalen Strukturen der Gruppenarbeitsebene als Mitgliederempowerment der Selbsthilfeorganisationen sowie der beratenden Dienstleistungsangebote für Bürger als relevante Stakeholder (als „Dritte") außerhalb der Partizipation in Gegenseitigkeitsselbsthilfegebilden im Gemeinwohlinteresse ist wichtig, da öffentliche oder öffentlich bedeutsame Aufgaben durch die Selbsthilfe als Teil der Zivilgesellschaft übernommen werden.

Insbesondere für die Verbände der Selbsthilfeaktivitäten leitet sich die Möglichkeit einer öffentlichen bzw. öffentlich-rechtlichen Förderung der digitalen Modernisierung dann und insoweit ab, wie diese organisierten Patienteninteressen einerseits für die Governance eines weitgehend neokorporatistischen Systems der gemeinsamen Selbstverwaltung bzw. andererseits als „vierte Säule" für die Funktionsfähigkeit des Versorgungsleistungsgeschehens als notwendig eingeschätzt werden.

Selbsthilfe in gemeinschaftlicher Form auf der Grundlage der solidarischen Gegenseitigkeit dient der Resilienz- und Kompetenzförderung der Menschen und wirkt am gesellschaftlichen Konzert verschiedener Sektoren der Wohlfahrtsproduktion mit, damit, an die Kriterien der Wohlfahrtsökonomik nach Pareto bzw. Rawls anknüpfend), die Allokation ökonomisch und sittlich (vgl. Sittengesetz im Glossar) optimal erfolgt.

Communities ist Teil des Gewährleistungsstaates der kommunalen Daseinsvorsorge. Caring Communities funktionieren nur auf der Grundlage des nachhaltigen Vertrauens.

Wenn, was evident ist, Selbsthilfeaktivitäten als produktiver Teil des Versorgungsgeschehens eingeschätzt werden, dann sollte die Förderung ihrer digitalen Modernisierung angesichts der Förderung der analogen Formen der professionellen Anbietersysteme dem Grunde nach nicht ausgeschlossen werden.

Zu beachten ist hier, dass – anders als im Fall z. B. von sozialwirtschaftlichen Unternehmen des Dritten Sektors oder auch z. B. im Fall der öffentlich-rechtlichen Sparkassen oder Kreditgenossenschaften als Akteure der Daseinsvorsorge – für die Selbsthilfeaktivitäten keine Möglichkeit besteht, im Rahmen der Marktteilnahme selbst wertschöpfend zu sein und somit den Investitionsbedarf produktiv zu erwirtschaften.

Fazit in normativ-rechtlicher Hinsicht: Es gibt fundierte Gründe, das **Ob** der Förderung der digitalen Modernisierung der Selbsthilfeaktivitäten auf verschiedenen Ebenen positiv einzuschätzen. Das **Wie** der Förderung in Fragen der Form (Art und Weise), vor allem der rechtlich abgesicherten Implementation, des Ausmaßes bzw. Umfangs etc. bedarf erst noch der Klärung. Im Mittelpunkt dabei stehen die Sicherung der Persönlichkeitsrechte und Fragen des Datenschutzes. Dabei ist zu bedenken, dass die sog. Digitalisierung vielfältige Formate und Produkte, die nicht einheitlich zu beurteilen und zu bewerten sind, umfasst.

Fazit in gesellschaftspolitischer Hinsicht: Die Gefahren der durchaus januskopfartigen digitalen Transformation unserer Gesellschaft werden in der kritischen Diskussion durchaus thematisiert und betreffen auch die Felder der Selbsthilfeaktivitäten.

Es ist nicht davon auszugehen, dass die Digitalisierung (Koch, 2016) die personale Begegnungs- und die soziale Miteinanderkultur der solidarischen Selbsthilfeaktivitäten vollständig substituiert (Fürst, 2019; Dabrowski, Radtke & Ehret, 2020). Das Internet wird jedoch zu einem eigenen Ort der Erzählung (Schachtner, 2016): Es geht um Ängste, Bedürfnisse, Sehnsüchte, führt zu Netzwerkbildung, Verwandlungen, Aufbruch und Grenzmanagement. Kulturelle Risiken (auf der Persönlichkeitsentwicklungsebene und mit Blick auf die soziale Vergemeinschaftung: Miller, 2012) und positive Entwicklungspotenziale mit Blick auf die partizipative Solidaritätskultur – von „Learning Communities" ist mitunter die Rede (Schachtner & Höber, 2008) – sind gleichzeitig wirksam (Rauterberg, 2013). Werden sich daher die Gesichter der Selbsthilfe verändern, so ist dennoch zu betonen, dass auch virtuelle Selbsthilfe reale Selbsthilfe ist.

Vorwort

Ich lege hiermit eine überarbeitete Fassung meiner Expertise, die ich im Rahmen des BMG-Projekts „Digitalisierung in der gesundheitlichen Selbsthilfe in Deutschland – aktueller Stand und künftige Bedarfe (DISH)" des Konsortiums des Instituts für Medizinische Soziologie des Universitätsklinikums Hamburg-Eppendorf, des Instituts für Epidemiologie, Sozialmedizin und Gesundheitssystemforschung der Medizinischen Hochschule Hannover und der HAWK Hochschule für angewandte Wissenschaft und Kunst Hildesheim/Holzminden/Göttingen geliefert habe, vor.

Meine Einschätzungen der Digitalisierungsdynamik sowie die sozialrechtlichen Schlussfolgerungen stehen nicht im Widerspruch zur strukturierten, internationalen Literaturanalyse von Borgetto u. a. (2020) sowie zur Analyse zur Studie „Digitalisierung in der gesundheitlichen Selbsthilfe – Ergebnisse einer Online-Umfrage bei Einrichtungen der Selbsthilfeunterstützung" von Katharina Bremer, Silke Schwinn, Bernhard Borgetto, Stefan Nickel, Christopher Kofahl und Marie-Luise Dierks (2020).

Einleitung

Worum geht es? Wenn niedergelassene Vertragsärzte der gesetzlichen Krankenversicherung (GKV) demnächst Gesundheits-Apps verschreiben dürfen oder wenn Telemedizin (angekündigt: Inthon & Seising, 2020) in der Diagnostik (in schrumpfenden, dünn besiedelten, strukturschwachen, peripheren ländlichen Räumen: Dünkel, Herbst & Thomas, 2014; Herbst, Dünkel & Stahl, 2016; Baumgartner, Kolland & Wanka, 2013; Fachinger & Künemund, 2015; Alisch u. a., 2019) oder zu Zwecken der Patientenedukation (im sog. Compliance-Management) eingesetzt wird, z. B. bei der Medikation oder den Rehabilitationsübungen in Privathaushalten bzw. analog dazu auch in den Krankenhäusern in der extramuralen Nachbetreuung nach Entlassung aus der stationären Akutbehandlung oder auch in der medizinischen Versorgung in Einrichtungen der Langzeitpflege (Struppek, 2010) usw. (Trill, 2018; Fischer & Krämer, 2016; Andelfinger & Hänisch, 2016) oder auch im Privathaushalt (Messer, 2018; Wilz & Pfeiffer, 2019), dann stellen sich auch neue Fragen im Hinblick auf die Selbsthilfeförderung.

Warum sollen Selbsthilfegruppen-Apps nicht gefördert werden oder auch – eine andere Ebene – digitale (interaktive) Informationsplattformen der Selbsthilfeorganisationen (als Akteure der Gesundheitsaufklärung und -pädagogik) im Kontext der Förderung von Gesundheitskompetenzen, z. B. unter Einbezug von Podcast-Modulen? Warum sollten nicht auch virtuelle Gegenseitigkeitshilfen in (interaktiven: Paschke, 2013; Lochner, 2014) Foren und speziellen Chaträumen gefördert werden? Die Digitalisierung der Welt eröffnet auch der Selbsthilfe unendliche neue Räume der Kommunikation (Smitten, 2009; Hepp, Berg & Roitsch, 2014) für lebensweltlich betroffene Menschen in der Rolle des *homo patiens,* die politische Öffentlichkeitsarbeit und das soziale Ideen-Marketing. Allerdings müssen auch diese experimentellen Labore der Selbstverwissenschaftlichung im Alltag[4] der Laien (Zillien, 2020) problematisiert werden.

Und dennoch: Es wird nicht schwerfallen, diese neuen Perspektiven unter dem Aspekt der Förderwürdigkeit öffentlich relevanter Güter und Dienstleistungen zu fassen. Aber wie weit kann die Virtualisierung der Selbsthilfe als Gegenstand des § 20h SGB V gehen? Die Übergänge zur För-

4 Angekündigt: Friese u. a., 2020.

derung achtsamer (gesunder) Nachbarschaften (Klages, 1958)[5] (Reutlinger, Stiehler & Lingg, 2015; Fromm & Rosenkranz, 2019; Heinze, Kurtenbach & Üblacker, 2019) sind fließend. Neue Beiträge zu virtuellen Foren (als Communities) begründen den Aspekt der sozialen Unterstützung (Kreß, 2016; Hünniger, 2019; Schreiber & Gründel, 2000; Leimeister, 2005). Wird das Selbsthilfeverständnis transformiert in virtuelle Netzwerkbildung (Kardorf, 2011)? Was kann in dieser Hinsicht noch Förderaufgabe im Sinne des SGB V und SGB XI sein?[6]

Aber wie könnten digitale Entwicklungen in der Selbsthilfe gefördert werden? Rein virtuelle Selbsthilfegruppen sind bislang gemäß Leitfaden nicht förderfähig. Wird es in einem zukünftigen Förderrahmen im Geltungsbereich des § 20h SGB V (analog dazu im Geltungskreis des § 45d SGB XI) eine Art von Leistungskatalog „technischer Hilfsmittel" der Selbsthilfeaktivitäten auf verschiedenen Organisationsebenen geben (müssen)? Werden regulative Qualitätsstandards[7] (von wem?) in Bezug auf die oben genannten Vektoren der Implementation digitaler Produkte und Formate zu setzen sein? Bedeutet dies eine Renaissance einer zwischenzeitlich, wenn auch nur kurz geführten Debatte zur Evidenzbasissicherung der Selbsthilfeaktivitäten? Oder wird die Frage der Förderung auf der Basis leitbildartiger Verhaltenskodexbildung (Besio, 2018) der Selbstverwaltung und somit der Selbstbindung der Selbsthilfe auf ihren verschiedenen Orga-

5 https://www.netzwerk-nachbarschaft.net/wettbewerbe/aktion-gesunde-nachbarschaften/ sowie https://fgoe.org/auf_gesunde_nachbarschaft; Tag des Zugriffs: 31. Dezember 2019.

6 § 45c SGB XI geht bereits erste Schritte der Finanzierung von Netzwerkbildung: „Zur Verbesserung der Versorgung und Unterstützung von Pflegebedürftigen und deren Angehörigen sowie vergleichbar nahestehenden Pflegepersonen können die in Absatz 1 Satz 3 genannten Mittel für die Beteiligung von Pflegekassen an regionalen Netzwerken verwendet werden, die der strukturierten Zusammenarbeit von Akteuren dienen, die an der Versorgung Pflegebedürftiger beteiligt sind und die sich im Rahmen einer freiwilligen Vereinbarung vernetzen. Die Förderung der strukturierten regionalen Zusammenarbeit erfolgt, indem sich die Pflegekassen einzeln oder gemeinsam im Wege einer Anteilsfinanzierung an den netzwerkbedingten Kosten beteiligen. Je Kreis oder kreisfreier Stadt darf der Förderbetrag dabei 20.000 Euro je Kalenderjahr nicht überschreiten. Den Kreisen und kreisfreien Städten, Selbsthilfegruppen, -organisationen und -kontaktstellen im Sinne des § 45d sowie organisierten Gruppen ehrenamtlich tätiger sowie sonstiger zum bürgerschaftlichen Engagement bereiter Personen im Sinne des Absatzes 4 ist in ihrem jeweiligen Einzugsgebiet die Teilnahme an der geförderten strukturierten regionalen Zusammenarbeit zu ermöglichen."

7 Dazu auch Nenoff u. a., 2019.

nisationsebenen vertrauensvoll und somit transaktionskostenreduzierend (vgl. im Glossar) überlassen?

Alle diese Fragen können in der kurzen, dichten Expertise nicht beantwortet werden. Sie verdeutlichen uns aber jetzt schon – im Vorwort –, wo die Diskussion über die (Förderung der) Digitalisierung und Virtualisierung der Selbsthilfe steht: am Anfang.

Damit eröffnet sich jedoch ein weiter werteorientierter, keineswegs macht- und herrschaftsfreier Diskursraum, geprägt von ökonomischen (Wirtschaftlichkeit und Bezahlbarkeit), technischen (Machbarkeit und Nutzbarkeit), rechtlichen (Zulässigkeit und Sicherheit) und ethischen (moralische Akzeptierbarkeit) Vektoren. Alles mündet „am Ende des Tages" in die politische Einschätzung der Kosten-Effektivität[8], definiert im Sinne effizienter Gesundheitszielerreichung.

Marie-Luise Dierks (2019: 120) hat auf das Argument von Jürgen Matzat verwiesen, die Selbsthilfe sei in komplexen Diskursen zum Gesundheitswesen „verstrickt". Der Begriff der „Verstrickung" ist mehrdeutig. Und ich will hier zum angemessenen Verständnis einige Erläuterungen – aber ohne ausführliche Darlegung der Referenzen – anführen. In hermeneutischen (auf das Problem des Sinn-Verstehens abstellenden) und phänomenologischen (auf das Problem der Wirklichkeitskonstruktion abstellenden) Theorien der narrativen Identität – man denke z. B. an die Biografiearbeit in der Hochaltrigkeit – wurde deutlich herausgearbeitet, dass der Mensch sich selbst immer nur im Modus von Selbsterzählungen hat, Erzählungen, die mit den Geschichten anderer, Dritter „verstrickt" sind. Der Mensch ist eben daseiend immer nur in der (wechselseitigen) Rolle als Mitmensch verstehbar. Der Kategorie der „Verstrickung" haften aber wohl auch Assoziationen von Schuld und Mitschuld sowie von Verantwortung und Mitverantwortung an. Auf welches Rollenspiel in der Figuration (Verkettung im Sinne der Soziologie von Norbert Elias: vgl. Glossar) auf den jeweiligen

---

8 Gefragt wird hier nach der wirtschaftlichen/sparsamen Erreichung (Nebenziel) der eigentlichen/finalen Ziele (Hauptziel). Effektivität bezeichnet die Skalierung der effizienten Erzielung (Verwirklichung) sozialpolitischer, z. B. auch gesundheits- und pflegepolitischer Ziele, die als Ergebnisse der institutionellen Arrangements (Versorgungssysteme) zur Allokation der Ressourcen gesellschaftlich erwünscht sind. Gemeint ist somit die Ergebnisqualität als Folge optimaler Prozessqualität auf der Grundlage von Strukturqualität. Weitere Vertiefung: Im Sinne der Maximierung der Kosten-Effektivität (Ω) dient die Minimax-Regel für die Relation von Input (i) und Output (o) der Optimierung des Outcomes O (hier der Lebensqualität LQ). Für die Maximierung von Q gilt die Funktion

$$(\Omega \rightarrow \max!) = f\{O[LQ]/([o/i] \rightarrow \text{minimax!})\}.$$

Bühnen des gesellschaftlichen Theaters, wie es der Soziologe Erving Goffman ausgedrückt hat, lässt sich der Mensch ein? Was ist das Drehbuch der Inszenierung? Wer führt Regie? Für welches Publikum ist das Stück gedacht?

„Digitalisierung und Alter. Segen oder Fluch?“ – so lautete der Themenschwerpunkt in einem der jüngsten Hefte des KDA-Journals ProAlter (51 [2] 2019). „Fluch oder Segen“[9] (KDA, 2019a) veranschaulicht das (auch massenmediale[10]) Deutungsspektrum der kritischen Reflexion der digitalen Transformation, eines Wandels, der das gesellschaftliche Leben der modernen Menschen in allen Dimensionen seines Daseins – „schöne neue [transhumane: Irrgang, 2020] Welt?“ (Lindenau & Meier Kressig, 2020) – mutativ prägen wird. Schon wird das Thema eingeordnet in die Perspektive einer parahumanen Gesellschaft (Harrasser & Roeßinger, 2016; Bennke, 2018; dazu auch Harrasser, 2013).

Im Hintergrund wird man sich (anders als Schwab, 2019) durchaus kritisch (Meixner, 2020) damit beschäftigen müssen, was die digitale Transformation des Kapitalismus (angekündigt: Pfeiffer, 2020) mit dem Menschen – mit Seele und Polis (Seubert, 2019) – machen wird (Schulz-Nieswandt, 2019g).[11]

Orientierend mag in Anlehnung an den Strukturfunktionalismus (in der Tradition der Soziologie von Talcott Parsons: Wenzel, 1991; Staubmann & Wenzel, 2000) die Frage sein, wie sich die Digitalisierung auf das Strukturfunktionsgefüge des sozialen Systems auswirkt, wobei die vier angeführten Subsysteme in komplexen (interpenetrativen) Wechselwirkungen zueinander stehen. Schaubild 1 soll das veranschaulichen. Die Digitalisierung gehört als Produktivkraftdynamik eigentlich zum Subsystem Wirtschaft. Fassen wir dieses primär als Produktionsverhältnisse, so könnten im Rahmen der Analytik der Produktionsweise, um an die marxistische Terminologie anzuknüpfen, die Produktivkraft exogenisiert und der Wandel der Produktionsverhältnisse sodann endogenisiert werden. Trotz dieser Variation der Ausführungen von Parsons (1951) orientierte ich mich an seinem berühmten AGIL-Schema und sehe in Wirtschaft und Politik die aktiv treibenden Subsysteme, in Kultur und Person die reproduktiven, auf Strukturen und Funktionen bezogenen Erhaltungssysteme.

---

9 Vgl. auch Ball, 2014; Balzer, 2020; Genth, 2002. Angekündigt die kritische Sicht bei Bruder, 2020.

10 Engelke, 2018.

11 Dazu auch Alter, 2019; Wahl & Lehmkuhl, 2014; Hardt, Ochs & Cramer-Düncher, 2010; Mason, 2018; Rolf & Sagawe, 2015; Weyer, 2019.

Schaubild 1: Digitalisierung im strukturfunktionalen Theoriezusammenhang (I): der statische Blick

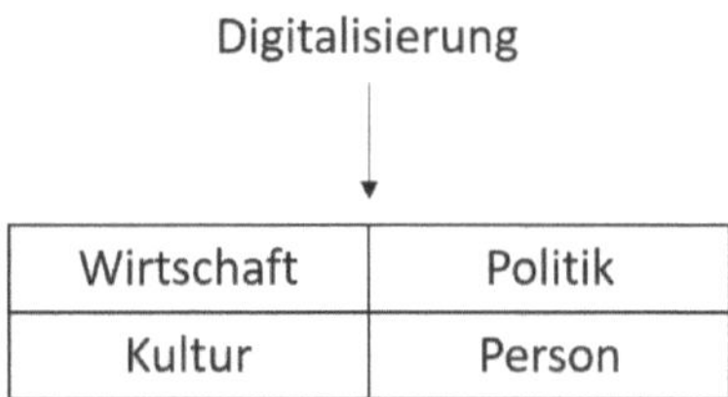

Schaubild 2 dynamisiert nun das statische Modell des sozialen Systems als Prozessgeschehen. Der transformative Wandel im interpenetrativen *Spill-over*-Geschehen zwischen den Subsystemen des sozialen Systems geht von der Digitalisierung (D) des mutativ geprägten Subsystems der Wirtschaft (W → W*) aus und überträgt sich in einer Wirkungssequenz auf die anderen Subsysteme der Kultur und der Person (K → K* und Pers → Pers*).

Schaubild 2: Digitalisierung im strukturfunktionalen Theoriezusammenhang (II): der dynamische Blick

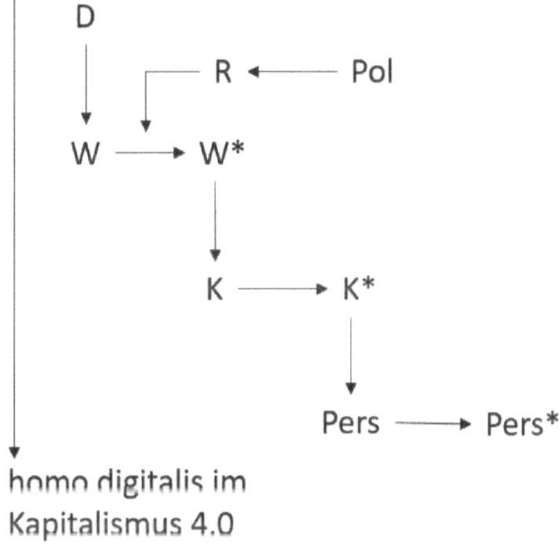

Hierbei wirkt die Politik (Pol) mit ihren regulativen Regimen (R) auf die Transformation {W → W*} als Pfad in den Kapitalismus 4.0 ein. Die neue Kultur K* ist das Ergebnis der Einschreibung des digitalisierten kapitalistischen Geistes in den (psychischen Arbeitsapparat als generative Grammatik der habituellen [vgl. Glossar] *patterns of behavior* des Typus des *homo digitalis* (vgl. Schulz-Nieswandt, 2019g).

In der vorliegenden Expertise geht es – im Rahmen einer Skizze und in Form von Anregungen für die weitere Diskussion – um die Fokussierung auf den möglichen „Segen", den „Fluch" reduzierend auf Risiken, die in rechtlicher Hinsicht und aus der Perspektive angewandter Ethik zu vermessen sein werden. Wenngleich diese Skalierung der Innovativität digitaler Perspektiven aus der Sicht der Kritischen Theorie nicht hinreicht, um die Dynamik vollständig zu erfassen, soll dennoch das Thema im Korridor zwischen Dramatisierung und Verharmlosung (Schulz-Nieswandt, 2019i) in vorliegender Weise eher pragmatisch aufgriffen werden. In einer analogen Abhandlung (Schulz-Nieswandt, 2019d) habe ich Wege zur leistungsrechtlichen Aufnahme von technischen Hilfesystemen in Privathaushalten der vulnerablen (Springhart, 2016; Stöhr u. a., 2019; Schrems, 2020; Bergemann & Frewer, 2019) Menschen in der Hochaltrigkeit (Petzhold, Horn & Müller, 2011) diskutiert. Allerdings liegt diese Problematik versorgungspolitisch anders, da die Bedarfsfeststellung eingebunden war in das Setting eines präventiven Hausbesuchs. Hier nun stellt sich die Frage, wie virtualisierte Selbsthilfe sowie weitere Formen der Digitalisierung der Selbsthilfe auf verschiedenen Ebenen gefördert werden können. Einen Anker dafür bietet natürlich der § 20h SGB V.

Ebenso wie meine kapitalismuskritische (wie im Fall der Pflegepolitik: Schulz-Nieswandt, 2020a, 2020d), dialektische Problematisierung der digitalen Transformation stelle ich meine staatstheoretischen und genossenschaftswissenschaftlichen Überlegungen zum Verhältnis von Zivilgesellschaft (freie Assoziationen: Schulz-Nieswandt, 2018e) einerseits und Staat (Gewährleistungsfunktionen mit Blick auf soziale Infrastrukturen [Richter, 2018] und mit Blick auf die Sozialschutzsysteme des sozialen Rechtsstaates) andererseits zurück. Meine fundamentale Kritik an der Gefahr der Kolonialisierung der Selbsthilfe durch das System habe ich an anderer Stelle ausgebreitet (Schulz-Nieswandt, 2019c), dabei u. a. an die dogmengeschichtlich alten Kontroversen zu Staat und Genossenschaft (Preuß, 1889; Gierke 1902) anknüpfend.

„Virtuelle Selbsthilfe – geht das überhaupt?" (Quenzer, 2018; Giertz-Birkholtz, 2006). Ja, „virtuell ist auch real" (Wooley, 2014). Das Thema der Virtualisierung (im Erscheinen: Kasprowicz & Rieger, 2020) und somit das der Digitalisierung der Selbsthilfeaktivtäten ist ein durchgängiges Thema in den „Selbsthilfegruppenjahrbüchern" der DAG Selbsthilfegruppen der vergangenen Jahre (Hundertmark-Mayer & Walther, 2010, 2012; Walther & Hundertmark-Mayer, 2015) und war und ist Thema in verschiedenen

NAKOS-Publikationen und -Aktivitäten.[12] Eine (sehr überschaubare) Zahl von Dissertationen beschäftigte sich schon vor einigen Jahren mit dieser Entwicklung. Auch international wird die Debatte mit Blick auf verschiedene Formen der Digitalisierung und Virtualisierung sozialer Unterstützung diskutiert.[13]

Worum geht es also? Es geht um die Frage der Digitalisierung (in) der Selbsthilfe im Sinne des § 20h SGB V und um die Folgefrage der Förderung, ebenfalls im Sinne des § 20h SGB V. Um diese Fragen insbesondere mit Blick auf die rechtliche Begründung einer Förderung, aber auch mit Blick auf die Möglichkeiten des Leistungsrechts der Förderung zu beantworten, muss geklärt werden, wie es um die Selbsthilfeförderung als solche im Mehrebenenregime (Schulz-Nieswandt, 2016a, 2017a, 2017c) von UN-Völkerrecht, Europarecht, bundesdeutschem Verfassungsrecht und bundesdeutschem System der Sozialgesetzbücher – zumindest skizzenhaft gesehen – steht. Sodann wird sich daraus eine positive Sicht auf die Förderung der Digitalisierung (in) der Selbsthilfe ergeben. Dem Grunde nach. Die Probleme liegen in der Implementation einer Förderung. Das hängt auch mit dem weiten Feld dessen zusammen, was alles unter Digitalisierung zu verstehen ist, und dies gerade auch durchdekliniert in Bezug auf die verschiedenen Formen (Matzat, 2019) und in Bezug auf die Ebenen der Gesundheitsselbsthilfe vom Mikrokosmos des sozialen Gruppengeschehens bis hoch zur Makroebene der Dachorganisationen der Selbsthilfeverbände.

12 https://www.nakos.de/informationen/basiswissen/virtuelle-selbsthilfe/ sowie https://www.nakos.de/service/materialserie-selbsthilfe-im-internet/; Tag des Zugriffs: 1. Januar 2020.

13 Vgl. dazu etwa Griffith, 2017; Griffiths, Calear & Banfield, 2009; Haker, Lauber & Rossler, 2005; Medina, Loques Filho & Mesquita, 2013; Hanley, Prescott & Gomez, 2019; Highton Williamson, Priebe & Giacco, 2015; Houlihan & Tariman, 2017; Huber u. a., 2018; Kingod u. a., 2017.

1. „Dem Grunde nach“: die allgemeine Begründbarkeit der Förderung der gesundheits-bezogenen Selbsthilfe

Im § 1 SGB V wird das normative Programm einer sozialen Krankenversicherung im Sinne der Sozialstaatsbestimmung des Art. 20 GG festgehalten: Es handelt sich um eine Solidarversicherung, die zugleich die Mitverantwortung des Versicherten betont. Diese Mitverantwortungsrolle bezieht sich auf die Rolle des Versicherten wie auf die Rolle als Patient bei der Wahrnehmung der Versicherungsleistungsrechte. Eine ähnliche Bestimmung findet sich in § 6 des SGB XI. Das deckt sich sozialordnungsphilosophisch mit dem Verständnis von Subsidiarität im SGB I wie auch im SGB XII.

Zu den modernen Entwicklungen im zeitgemäßen Verständnis von Sozialpolitik gehört auch die Erkenntnis, dass die Bürger zu ihrer verantwortungsvollen Mitwirkungsrolle befähigt werden müssen. Das Verständnis von Befähigung ist kompetenzfokussiert und geht über wissenszentrierte Informiertheit (Steffen & Karlheim, 2019) hinaus. Die Begründung des Befähigungsansatzes in der zeitgemäßen Sozialpolitik verweist auf das Grundrechtsverständnis in Bezug auf die Teilhaberechte aller Bürger (*social citizenship:* klassisch dazu: Marshall, [1950] 1992), das sich vor allem im SGB IX findet, das nun infolge des Bundesteilhabegesetzes (BTHG) durch Integration aller relevanten Teile des SGB XII systematisch neu geordnet wird.

Der Befähigungsansatz wird hier im Lichte des „Capability Approach“ (von Sen und Nussbaum: Sedmak u. a., 2011) ausgelegt.[14] Demnach wird er nicht neoliberal verkürzt ausgelegt auf der Grundlage verengter Inter-

14 *Capability* ist ein Begriff für die Idee, Sozialpolitik sei Investition in die Fähigkeiten des Menschen, sich in den gestaltbaren Umwelten bedarfsgerecht gemäß eigenen Selbstentwürfen zu entwickeln. Der Befähigungsansatz von Amartya Sen (*1933) und Martha Nussbaum (*1947) thematisiert die sozialen Investitionen in zivilgesellschaftlich bzw. staatlich gewährleistete Güter und Dienstleistungen und in die Kompetenzen der Individuen zur Nutzung dieser Angebotsstruktur auf der Basis der Bedeutungs- und Wertschätzungsfunktionen der Personen. Diese Selbstentwürfe von Wohlbefinden sind dem Grunde nach offen für positive Externalitäten auf der Basis von Empathie und Altruismus. Damit verbindet sich die Theorie der Sozialpolitik mit der Anthropologie der Gabe und schafft die Brücke zu den Figurationen von Caring Communities.

pretationen des *enabling state* (wie etwa in der Praxis von „Fordern und Fördern“ in § 2 SGB II). Vielmehr entspricht es im Lichte der Betonung der sozialen Gerechtigkeit in § 1 SGB I der Dominanz des Solidaritätsgedankens, dass die subsidiäre Logik der „Hilfe zur Selbsthilfe“ in der älteren Reformtradition der Empowerment-Idee in der Sozialen Arbeit zu verankern ist.

Insofern wird man sich in der Tat fragen müssen, ob die Befähigung zur Nutzung technischer Hilfesysteme im Sinne des *Capability*-Ansatzes nicht ethisch geboten ist (Henne, 2019). Wenn ja, dann muss diese Einschätzung auch auf soziale Selbsthilfegruppen ausgedehnt werden.

Dies gilt im Sinne des § 20h SGB V und des § 45d SGB XI immer dann, wenn die adjektive Charakterisierung der Selbsthilfegruppen als „sozial“ der doppelten Semantik entspricht: „sozial“ im Sinne von sozialpolitisch bedeutsam und im Sinne der gemeinschaftlichen Hilfe auf Gegenseitigkeit.

Ethische Gebotenheit ist dabei auch wiederum in einem doppelten Sinne zu verstehen: „ethisch“ im Sinne guter Gründe, aber auch im Sinne der Achtsamkeit gegenüber der konkreten Befähigungspraxis (Stapf, Prinzing & Köberer, 2019). Denn es muss immer kritisch nachgefragt werden: Was macht die Digitalisierung mit dem Menschen? Welche Bedeutung – im Sinne der philosophischen Anthropologie – kommt der Digitalisierung mit Blick auf den Menschen in seiner Stellung in der Welt zu (Burow u. a., 2019; demnächst Kirchschläger, 2020)?.

Zählt man die Selbsthilfeaktivitäten – ursprünglich eine „Neue soziale Bewegung“ (vgl. zum Thema „Gesellschaft von unten“: Grundmann, 2018), heute eine tragende „vierte Säule“ des Gesundheits-, Pflege- und Sozialwesens – zur Zivilgesellschaft, so wird man beobachten und sodann akzeptieren müssen, dass sich durch die digitale Transformation auch die Formen politischer Partizipation – hier der Artikulation der Mitwirkungsrechte der Selbsthilfeszene – im öffentlichen Raum verändert (Bedford-Strohm, Höhne & Zeyher-Quattlander, 2019; Vilella, 2019).

Die verantwortungsvolle Mitwirkungsrolle der sozialversicherten Patienten spiegelt die personalistisch[15] orientierte Modernisierung der Beziehungen zwischen den medizinischen Professionen und den Patienten ange-

---

15 Person-Sein meint die reife Form des dialogischen und somit gemeinschaftsfähigen Individuums. Es kann „ich“ sagen, aber sich auch als Mich in der sozialen Welt des Wir und des Uns angesichts des Du verstehen. Das Individuum ist nur wirklich ein Selbst im Modus des gelingenden sozialen Miteinanders; es ist Knotenpunkt seiner sozialen Beziehungen. Die Anthropologie der Personalität meint

sichts der Spezifika personenbezogener sozialer Dienstleistungen an Geist, Seele und Körper der Bürger wider. Hier sind die Machtgefälle zu betonen, die aus der asymmetrischen Informationsverteilung und weiteren institutionenökonomischen Merkmalen abzuleiten sind. Analoges gilt auch in anderen sozialen Handlungsfeldern (Pflege, Heilpädagogik etc.). Die partizipativen Ideen der Hilfeplanung, der geteilten Entscheidungsfindung und des informierten Konsenses stehen hier im Mittelpunkt der neueren Entwicklungen. Dazu gehört auch die aktuelle Diskussion (Konopik, 2019; Schaeffer & Pelikan, 2016) um die Förderung der Gesundheitskompetenzen *(health literacy)*, auch die um „Human Enhancement" (Coenen u. a, 2010; Schütz, Hildt & Hampel, 2016; Spreen, 2015; Friedrich, 2013; Viehöver & Wehling, 2011). Wie könnten sich Bilder der Krankheit zwischen Stigma und Empowerment verändern (vgl. auch Görgen & Simond, 2020)?

Hierbei geht es weniger um den marktliberalen Mythos der Konsumentensouveränität, als um eine personale Wertschätzung (letztendlich der

jenseits von Individualismus und Kollektivismus eine dritte (ontologisch „wahre") Form der Wesensentfaltung des Menschen im Modus von Autonomie und Partizipation. Sie drückt den rechtsphilosophischen Kern der Idee der Inklusion aus, die wiederum im Kontext der Sozialraumentfaltung auf die Notwendigkeit von Caring Communities angesichts der Vulnerabilität der menschlichen Kreatur verweist. Telos der ganzen Geschichte ist diese Personalisierung des Menschen und somit die konkrete Freundschaft und Nächstenliebe (Altruismus und Gabe auf der Grundlage von Empathie) als die Logik des gelingenden sozialen Miteinanders. Personalität (P*) bezeichnet nun keinen mittleren Wert auf einer Kollektivismus(K)-Individualismus(I)-Skala, die einen Trade-off-Zusammenhang

$$(\text{wenn } K\uparrow, \text{dann } I\downarrow \text{ bzw. wenn } K\downarrow, \text{dann } I\uparrow)$$

oder

$$(\text{wenn } \partial K > 0, \text{dann } \partial I < 0)$$

abbildet, etwa als

$$K > P > I.$$

K wäre ein traditionalistischer Raum der Ligaturen. I wäre ein individualistischer Raum der Optionen. Personalität (hier nun als P*) liegt als synthetisches Phänomen außerhalb einer Trade-off-Linie als geometrischem Ort aller Kombinationen von Merkmalsausprägungen von K und I (also aller $K \cap I$) im K-versus-I-Raum:

$$P \neq P^*.$$

P* gehört einem ganz anderen Wirklichkeitsraum an als P. Auf der geometrischen Trade-off-Linie aller $K \cap I$ besteht ein Konflikt zwischen K und I. P* repräsentiert dagegen eine gelingende Daseinssituation, in der das reife, da personalisierte Individuum kulturell eingebettet ist in Kontexte des sozialen Miteinanders.

Würde[16] im Sinne von Art. 1 GG) der sozialversicherten Patienten auf „Augenhöhe“ im medizinisch-technischen (und pflegerischen) System. Das sozialstaatlich organisierte System dient im Sinne der Sachzieldominanz (Schulz-Nieswandt, 2015d, 2016c) dem Menschen als *homo patiens* – und nicht dergestalt umgekehrt, dass das System (vgl. z. B. KDA, 2019b) die Lebenswelt der Menschen (Schnell & Dunger, 2019) in ihrer Sorgearbeit in der alltäglichen Daseinsführung kolonialisiert (Schulz-Nieswandt, 2019f, 2019c).

In diesen seit Dekaden sich langsam, aber stetig sowie nicht ohne Widersprüche und Konflikte ausdehnenden Modernisierungs- und Demokratisierungstrend des Gesundheits- und Sozialwesens (vgl. im Bundesgesundheitsblatt [1] 2019 [Schwerpunktthema „Selbsthilfe und Patientenbeteiligung“] die Beiträge zu Österreich und zur Schweiz) bettet sich auch die gesundheitsbezogene Selbsthilfe im Sinne des § 20h SGB V (angesichts der Belastungsbefunde [Ehrlich & Kelle, 2019; Alltag, Conrad & Riedel-Heller, 2019] auch in Bezug auf die Angehörigen-Selbsthilfe u. a. im Sinne des § 45d SGB XI) ein. M. E. ist überhaupt nicht eindeutig klar, wie die „Selbsthilfebewegung“ – zwischen Dynamik und Erstarrung (Michels, 2008) – heute dasteht und vor allem in nächster Zukunft dastehen wird.

16 „Dignity is inherent“ – so lautet es im Völkerrecht. Die Würde ist Teil der menschlichen Natur, also seines Wesens. Die Würde ist dergestalt Kernidee eines modernen, demokratischen Naturrechts. Doch in Konfrontation mit der sozialen Wirklichkeit muss gelten: Das Wesen muss erst noch (entfaltet) werden. Es ist an sich, muss aber erst noch erfahrbare Gestalt annehmen. Das ist das Fundament der Kritischen Wissenschaft. Anders als das traditionelle, eher der Herrschaft über breite Bevölkerungen dienende Naturrecht der kirchengeschichtlichen Scholastik versteht das moderne Völkerrecht die Würde als konstitutiven Teil der menschlichen Natur. In diesem Sinne ist die Idee der Würde als Kern des Wesens des Menschen in seiner Personalität in das europäische grundrechtliche Unionsbürgerschaftsdenken und in die Grundrechte der bundesdeutschen Verfassung des GG fundamental eingegangen. In der neueren Literatur wird von der „heiligen Ordnung der Menschenrechte“ bzw. der „Sakralität der Person“ als Grundlage des sozialen Rechtsstaates gesprochen. Diese Axiomatik der Würde prägt normativ-rechtlich auch die Logik des Gewährleistungsstaates. Für die am *Capability* Ansatz der Sozialpolitik der Lebenslagenverteilung orientierte Gesellschaftspolitik sind die Werte der Selbstbestimmung, Selbstständigkeit und Teilhabe sozialrechtlich bestimmend. Diese personalistische Anthropologie von Autonomie und Partizipation rückt die Würde in das Zentrum der ontologischen Seinsverfassung des Menschen in seinen Figurationen. Maßgeblich ist der kategorische Imperativ von Kant, dem zufolge der Mensch immer nur Selbstzweck sein darf (Sittengesetz). Er darf nie instrumentalisiertes Mittel für andere Zwecke werden (Verbot von *violation* und *alienation* als Verletzungen [Vulnerabilität] der Würde im Völkerrecht).

Mit Blick auf Sinn und Bedeutung sowie Wirkungen und Erträge der Selbsthilfe als „Säule“ im System ist auf die Ergebnisse des mehrstufigen SHILD-Projekts (Schulz-Nieswandt & Langenhorst, 2015; Kofahl, 2018; Kofahl, Schulz-Nieswandt & Dierks, 2016; Schulz-Nieswandt u. a., 2018) zu verweisen. Ein Kerngedanke ist aber zum Verständnis der weiteren Argumentation nochmals betonend aufzugreifen: Selbsthilfe auf der Ebene des sozialen Gruppengeschehens ist unmittelbare oder mittelbare gesundheitsrelevante Wohlfahrtsproduktion als quasi-betriebliche Leistungserstellung analog zum modernen haushaltsökonomischen Verständnis der Wohlfahrtsproduktion (Gesundheit, Pflege, Erziehung) in Familien. Kompetente „Laien“medizin (die durchaus problematisierbar ist: Schmid, 2020) führt zu produktiver Rollenpartizipation im professionellen Versorgungssystem, geht in die Lücken der Versorgung angesichts der Grenzen professioneller Möglichkeiten und formeller Organisationen sowie angesichts der sektoralisierten Fragmentierung (Schulz-Nieswandt, 2010) des Systems (Schulz-Nieswandt, 2016d), aber auch angesichts der Grenzen der Rollen von Familie und Partnerschaften.

Selbsthilfegebilde sind genossenschaftsartige, weil auf gegenseitige Bedarfsdeckung der Mitglieder abstellende Zweckgebilde mit (eG, e. V.) oder ohne (GbR) spezielle Rechtsform (Mitleger-Lehner, 2015; Schulz-Nieswandt, 2011a, 2017d, 2017e). Gestaltgebende Merkmale sind: Selbstorganisation, Selbsthilfe, Selbstverwaltung (Köstler, 2018). Mit Blick auf diese erwünschten, gemeinwohlrelevanten Funktionalitäten der Selbsthilfe auf der Mikroebene des sozialen Gruppengeschehens – auf die höheren Entwicklungsebenen der „Selbsthilfebewegung“ ist später noch einzugehen – liegt daher der Gedanke der steuerfinanzierten, öffentlichen Förderung durch Bund, Länder und Kommunen des sozialen Bundesstaates gemäß Art. 20 GG bzw. der sozialbeitragsfinanzierten, öffentlich-rechtlichen Förderung durch die Sozialversicherungen als staatsmittelbare Körperschaften in Selbstverwaltung zwingend nahe. Der Staat muss auch hier die digitale Transformation fördern (Borucki & Schünemann, 2019).

Die Selbsthilfe kann zur Zivilgesellschaft (Freise & Zimmer, 2019; Krimmer, 2019) moderner liberaler Demokratien und somit als Form bürgerschaftlichen Engagements zum Dritten Sektor[17] (Schulz-Nieswandt & Köstler, 2011; Schulz-Nieswandt, 2018f) der Wohlfahrtsgesellschaft gezählt

17 Sektor von unternehmerischen Organisationen, die ihr Handeln als nicht primär profitorientiert verstehen, sondern dieses auf die Bedarfsdeckung der Zielgruppe abstellen. Der Dritte Sektor *(third sector)* ist der von der Sachzielorientierung der Bedarfsdeckung dominierte Sektor der *Non-for-profit*-Unternehmen (der Steuerge-

werden (Schulz-Nieswandt & Köstler, 2012; Schulz-Nieswandt, 2015a, 2015b). Die Förderung der Lebenslage[18] (Schulz-Nieswandt, 2006) der Mitglieder von Bedarfsdeckungsgemeinschaften ist immer dann als gemeinwirtschaftlich einzuschätzen, wenn die Daseinsthemen (Krankheit, Pflege, Behinderung und andere Formen sozialer Ausgrenzung) der Selbsthilfegebilde öffentlich relevante Leistungen sind (Schulz-Nieswandt, 2015c, 2018e). Die öffentliche bzw. öffentlich-rechtliche Förderung ist insofern Teil der Engagementförderpolitik (Schulz-Nieswandt & Köstler, 2011) des sozialen Rechtsstaates. Der Rechtsstaat ist zu verstehen als föderaler Gewährleistungsstaat (Schulz-Nieswandt & Greiling, 2019) des eigengesetzlich tätigen Bundes und der eigengesetzlich tätigen Länder. Die Gewährleistungsfunktion muss mit Blick auf die Ermächtigung der Kommunen als Sozialräume der Daseinsvorsorge (Kersten, Neu & Vogel, 2019; Königshofen, 2015; Schulz-Nieswandt, 2017a, 2017c, 2019a) des Art. 28 GG im Lichte der Gleichwertigkeit der Lebensverhältnisse im Raum (Sixtus u. a., 2019) gemäß Art. 72 GG fortgedacht werden. Es gilt: „Alle Menschen sollen sich, unabhängig von ihrem Wohnort auf eine gute Daseinsvorsorge verlassen können und erleben, dass ‚ihre‘ Kommune ihnen nachhaltig ein teilhabeorientiertes, lebenswertes und attraktives Umfeld ermöglicht“ (BMIBF, 2019: 123).

---

meinnützigkeit freier Träger wie die der freien Wohlfahrtspflege) als Teil eines Mehrsektorenmodells der Wohlfahrtsproduktion „zwischen“ (im Sinne einer analytischen Topografie) *For-profit*-Markt, Staat und primären Gemeinschaften (wie Familie u. a. m.), dabei Potenziale des bürgerschaftlichen Engagements in die soziale Wohlfahrtsproduktion einbeziehend. Der Dritte Sektor kann im Rahmen von Zulassungen zu Versorgungsverträgen, Ausschreibungen oder Betrauungen delegierte, öffentlich relevante Aufgaben im Rahmen der Sicherstellung sozialer Infrastruktur (Einrichtungen und Dienste im Raum) des Gewährleistungsstaates im Lichte des *Capability*-Ansatzes erfüllen. Der Dritte Sektor spielt eine konstitutive Rolle im Welfare-Mix. Der Dritte Sektor gilt als Leister professioneller Sorgearbeit bzw. von „organisierte[r] Nächstenliebe“ und somit als Teil von Caring Communities.

18 Damit werden die ressourcenabhängigen Handlungsspielräume bezeichnet, die Menschen zur Erreichung ihrer authentisch wichtigen Ziele haben. Unter Lebenslage versteht die Sozialpolitikforschung die jeweiligen Ressourcenkonfigurationen des Menschen im Lebenszyklus mit Blick auf die Chancen zur Bewältigung der Entwicklungsaufgaben als Herausforderungen im Lebenslauf. Es sind verschiedene Ressourcen – ökonomische, soziale, rechtliche, infrastrukturelle, technisch-dingliche, wohnsituative Kontextressourcen sowie personengebundene Kompetenzressourcen (nicht nur das erwerbsarbeitsweltbezogene Humankapital) – zu unterscheiden. Dabei stehen Person und Kontext in Wechselwirkung (Transaktionalismus). Die Nähe zum *Capability*-Ansatz ist evident.

Wenn dieser Argumentation des Warum der Förderung gefolgt werden kann, stellt sich die Frage, wer, für was, wie, wo und wann gefördert wird. Maßgeblich dafür ist der augenblickliche Stand der Entwicklung des „Leitfaden[s] zur Selbsthilfeförderung“:

„Die Grundsätze zur Förderung der Selbsthilfe beschreiben Inhalte und Verfahren der Selbsthilfeförderung auf den verschiedenen Förderebenen (Bundes-, Landes- und Ortsebene) und tragen zu einer weitgehend einheitlichen Rechtsanwendung in der Förderpraxis bei.

Aufgrund einer Gesetzesänderung im Terminservice- und Versorgungsgesetz (TSVG) wurde der Leitfaden zur Selbsthilfeförderung angepasst und gilt ab 1. Januar 2020 in der Fassung vom 11. Juli 2019. Mit der Neufassung wurde geregelt, dass ab dem kommenden Jahr mindestens 70 % der gesetzlich vorgesehenen Fördermittel gemäß § 20h SGB V in die sog. ‚kassenartenübergreifende Pauschalförderung‘ fließen, die restlichen maximal 30 % stehen für eine krankenkassenindividuelle Projektförderung zur Verfügung.

Der Leitfaden zur Selbsthilfeförderung wird regelmäßig in Zusammenarbeit mit den Verbänden der Krankenkassen auf Bundesebene sowie mit Beteiligung der Vertretungen der für die Wahrnehmung der Interessen der Selbsthilfe maßgeblichen Spitzenorganisationen weiterentwickelt.“[19]

19 https://www.gkv-spitzenverband.de/krankenversicherung/praevention_selbsthilfe_beratung/selbsthilfe/selbsthilfe.jsp; Tag des Zugriffs: 29. Dezember 2019.

2. Selbsthilfe und *Capability*: Förderung der Selbsthilfe als individuelle Befähigung und als Gewährleistung von sozialer Infrastruktur

Der oben bereits angesprochene *Capability*-Ansatz in der modernen Sozialpolitik ist – analog zum Lebenslagenansatz (Schulz-Nieswandt, 2006) in der älteren, klassischen Sozialpolitiklehre – nicht einseitig zu verstehen als individuumszentrierte Förderung von Fähigkeiten *(abilities)*, sondern ebenso als Förderung von externen Ermöglichungsräumen *(capacities)*:

„**Capa**cities" + „**Abilities**" → „**Capabilities**".

Mit Ermöglichungsräumen ist der informierte und im Sinne der Nutzbarkeit freie Zugang (der befähigten [völkerrechtlich auch im Sinne von „entitlement" zu verstehen] Individuen: Schulz-Nieswandt, 2016a) zu verfügbaren und erreichbaren Einrichtungen und Diensten von alltagsexistenzieller und somit öffentlicher Bedeutung im Sinne sozialer Infrastruktur im Raum gemeint (Bunge, 2014). Dies ist im Sinne des § 1 SGB I im Lichte des Art. 2 GG vor dem Hintergrund von Art. 1 GG als Daseinsvorsorgeaufgabe des Art. 28 GG auszulegen (Schulz-Nieswandt, 2016a, 2017a, 2017c).

Wie gleich noch darzulegen sein wird, gehört (auch europarechtlich[20]) zu diesen Dienstleistungen von allgemeinem, weil öffentlich relevantem Interesse (Philipp, 2019) nicht nur das Spektrum der *public utilities* (Energie, Verkehr, Wasser, Abfall, Telekommunikation u. a. m.), sondern das ganze Spektrum sozialer Infrastruktur (Wohnen, Gesundheit, Pflege, Bildung etc.). Die Schnittbereiche sind zu beachten, so etwa die Bedeutung des Verkehrswesens (Jenssen, 2015) für die teilhaberechtlich bedeutende Frage der Mobilität im Umfeld des Wohnens (Claßen u. a., 2014).

Mit dem Telekommunikationswesen ist zugleich die aktuelle digitale Transformation angesprochen. Sie ist mit Blick auf die Teilhabedebatte (Skutta & Steinke, 2019; Weiß u. a., 2017; Roder, 2020) von zentraler Bedeutung für die Überwindung von sozialen Ausgrenzungen. Auf die Ambivalenzen (Schulz-Nieswandt, 2019g, 2018g) wird aber noch einzugehen sein.

20 Vgl. dazu auch Schulz-Nieswandt, 2011b, 2011c, 2012, 2013b, 2014a; Schulz-Nieswandt & Greiling, 2019.

Die Idee der Gewährleistung der partizipativen Zugangschancen zur öffentlich relevanten Infrastruktur (Foundational Economy Collective, 2019) findet eine weitere Begründung im Europarecht (Schulz-Nieswandt, 2014a). Die Unionsbürgerschaft wird im Zusammenhang mit der konstitutionellen Festlegung auf Europas sozialer Marktwirtschaft in Art. 3 (3) EUV aufgebaut. Sie wird verknüpft mit dem Strukturwert der sozialen Dienstleistungen von allgemeinem Interesse im Art. 36 der Europäischen Grundrechtscharta, die im EUV/AEUV mit mehreren Fundstellen und im Protokoll Nr. 26 der Reform von Lissabon verankert ist.

Selbsthilfeförderung meint in diesem Lichte die Förderung der Befähigung von Menschen zum (nicht neoliberal verkürzten; Senne & Hesse, 2019) Selbstmanagement ihrer von Krankheit und/oder Behinderung u. a. m. gekennzeichneten Entwicklungsaufgaben im Lebenslauf (Schulz-Nieswandt, 2006), aber eben auch die infrastrukturtheoretisch zu verstehende Einbettung der Selbsthilfeaktivitäten in die Sozialraumbildung im lokalen bzw. regionalen Kontext (Schulz-Nieswandt, 2019e, 2015b). Die Entwicklung selbsthilfefreundlicher Krankenhäuser im Kontext der Probleme im Entlassungsmanagement vulnerabler Menschen ist ein zentrales Beispiel (Schulz-Nieswandt, 2018b, 2018d). Die Einbindung von Selbsthilfeaktivitäten in den Hilfe-Mix (Welfare-Mix[21] bzw. Wohlfahrtspluralismus: vgl. Glossar) wird aber auch im Art. 8 SGB XI angesprochen.

Hier ist die Bedeutung der Kontaktstellen zur Förderung der Selbsthilfe (Hundertmark-Mayser & Helms, 2019) – analog z. B. zu gut funktionierenden Pflegestützpunkten gemäß § 7c SGB XI (Schulz-Nieswandt, 2018c, 2019b) – systematisch erkennbar und zu verstehen. Wird die Sozialraumbildung (Kremer-Preiß & Mehnert, 2019) als Generierung von Sozialkapital verstanden, so wird die Selbsthilfeförderung zum Strukturelement von „Caring Community-Building" (Schulz-Nieswandt, 2018i, 2018j). Sozialka-

---

21 Der Mensch ist ein Netzwerkwesen, das angesichts seiner Vulnerabilität Unterstützung benötigt. Er benötigt einen Mix von informellen/formellen Akteuren, materiellen/immateriellen Ressourcen sowie ambulanten/teilstationären/stationären Institutionen. Darunter ist die Hilfe-Mix-Bildung unter Einbindung informeller Ressourcen zu verstehen, wie sie bestimmend ist für das Verständnis von Caring Communities im Kontext integrierter, professioneller Versorgungslandschaften als Infrastruktur, organisiert um die Ankerfunktion der Wohnformen herum. Der Dritte Sektor und die Multi-Sektoren-Theorie der sozialen Wohlfahrtsproduktion sind mit dieser Idee von Welfare-Mix eng verbunden. Dazu gehört dann auch das Theorem des Wohlfahrtspluralismus.

pital[22] meint daher den sozialen Nutzen von Netzwerken. Der soziale Nutzen liegt im sozialen Unterstützungspotenzial, in der Erwirkung sozialer Integration als sozialer Zusammenhalt und in der Inklusion[23] als Überwindung sozialer Ausgrenzung in einer von Diversität geprägten modernen Gesellschaft (Heidkamp & Kergel, 2018). Im pflegepolitischen Kontext (auch mit Blick auf § 45d SGB V) findet sich die Analogie in der Hilfe-Mix-Idee des § 8 SGB XI, im 7. Altenbericht (KDA, 2017) weiterentwickelt zur Idee lokaler sorgender Gemeinschaften, einzubetten in einen regionalen Kontext der professionellen Pflegeinfrastruktur vor dem Hintergrund der

---

22 Kapital ist hier nicht ökonomistisch gemeint! Aber es geht, bildlich gesprochen, schon um eine Schatulle, einen Schatz, aus dem man (für schöne und wertvolle Dinge) schöpfen kann. Gemeint ist hier der Nutzen (der Ertrag, die *benefits*) der Investition in den Aufbau von Netzwerken, die sodann als Systeme sozialer Unterstützung, der Einbindung, der Personalisierung zu verstehen sind. Sozialkapital: Ertrag (E) als Funktion der Investition (I) in Netzwerke (N) der Person: E = f (N[I]). Hauptertrag ist die soziale Unterstützung als Potenzial sozialer Netzwerke für Dritte bzw. auf der Basis der Gegenseitigkeit (vgl. Gabe und Reziprozität). Sozialkapital SK ist (als Sozialraum gedacht) als Feldfiguration F der Nutzen (Ertrag) eine Funktion f der Investition I (von Ressourcen R wie u. a. von Zeit und Kompetenzen) in soziale Netzwerke NW, die über grammatische Regeln der Reziprozitätsordnung RO funktionieren:

$$SK\ (F) = f\ (NW^{RO}\ [RI]).$$

23 Die Idee besagt, dass Menschen ein Grundrecht darauf haben, selbstbestimmt zu leben, und aus dieser Perspektive heraus in das gemeinschaftliche Miteinander der Gesellschaft partizipativ (gebend wie nehmend) eingebunden zu sein, dabei basierend auf einer Kultur des gegenseitig anerkennenden Respekts der jeweiligen Andersartigkeit (Diversität) ohne wesentliche Diskriminierung und Ausgrenzung, soweit diese Toleranz eben nicht das universale Grundrecht selbst unterläuft. Vom Völkerrecht der UN vorangetrieben, aber auch aus vielfältigen, neuen sozialen Bewegungen des Empowerments des *homo patiens* angesichts der Ordnungen und Praktiken der sozialen Ausgrenzungen resultierend, ist unter Inklusion weit mehr zu verstehen als soziale Integration: Es meint eine soziale Welt der Diversität (der bunten Vielfalt) auf der Grundlage der respektvollen, nicht diskriminierenden, gegenseitigen Anerkennung jeweils andersartiger Menschen (Geschlecht, soziale und kulturelle Herkunft, politische Nationalität, Hautfarbe, Alter, Religion, sofern diese die Idee der Rechtsstaatlichkeit und der universalen Grundrechte teilt etc.) sowie eine entsprechende Normalisierung der Teilhabe selbstbestimmter Menschen mit Merkmalen, die zur sozialen Ausgrenzung führen (können): Krankheit, Pflegebedürftigkeit, Behinderung, Armut, Arbeitslosigkeit, Alter, traumatisierende Gewalt- und/oder Fluchterfahrung etc. Diese Inklusionsidee ist grundrechtstheoretisch fundiert und zentriert sich um die Würde des Menschen in seiner Personalität. Sie widmet sich dem *homo patiens* in seiner besonderen Vulnerabilität (z. B. Kinder, Frauen, Menschen in der Hochaltrigkeit, Menschen mit Behinderungen). Das Sozialpolitikverständnis der Inklusionsidee orientiert sich am *Capability*-Ansatz.

Ankerfunktionen von Wohnen (Schulz-Nieswandt, 2012b) und Mobilität im Alltag des Miteinanders der Generationen (Schulz-Nieswandt, 2020a). Selbsthilfegruppen können dazu beitragen, dass sich Betroffene weniger isoliert fühlen und sich depressive Gefühle oder Gefühle der Angst reduzieren (Snyder u. a., 2007).

Diese Auslegung des *Capability*-Denkens (Schulz-Nieswandt, 2006) ist fundiert in der Rezeption des Völkerrechts, vor allem der UN-Grundrechtskonventionen in Bezug auf Menschen mit Behinderungen und in Bezug auf die Grundrechte der Kinder (Schulz-Nieswandt, 2017a, 2017c). Eine nähere rechtshermeneutische Analyse (Schulz-Nieswandt, 2016a) soll hier aber unterbleiben. Das Völkerrecht wird aber im nachfolgenden Abschnitt aufzugreifen sein (Arnade, 2015). Herauszustellen ist jedoch der Kerngedanke, dass die freie, von Selbstbestimmung, Selbstständigkeit und Teilhabe geprägte Entfaltung der Persönlichkeit im Lebenszyklus aus dem Grundrecht der personalen Würde (Schulz-Nieswandt, 2017b) abgeleitet und sozialpolitisch konkretisiert wird im Gedanken der Gewährleistung von Umwelten des gelingenden Aufwachsens und Alterns im Lebenslauf. Der Gedanke der aktivierenden Umwelten hat sein Fundament in diversen (humanistischen und gestalttheoretischen) Strömungen der entwicklungspsychologischen Forschung (Theorem der Aktualgenese[24]) und verweist auf die Wechselwirkung von Person und Umwelt (Theorem des Transaktionalismus: vgl. Glossar). Einerseits muss hierbei die Umwelt für das lebenslange Wachsen und Werden der menschlichen Person anregender Art sein; andererseits muss die Kompetenz der Person zur Selbstöffnung für diese Umweltangebote gegeben sein, dabei die souveräne Akzeptanz der Hilfeabhängigkeit einschließend.

Damit sind bereits beide Seiten der Förderung der Teilhabe an der digitalen Transformation angesprochen: Die Person muss einerseits zu ihr be-

24 Gemeint ist eine für die Entwicklung des Menschen anregende – aktivierende – Umwelt. Unter Aktualgenese wird die Rolle aktivierender Umwelten für das Wachstum und das Werden der menschlichen Person verstanden. Dieser Effekt ist in der Gestaltpsychologie und in verschiedenen Strömungen der humanistischen Psychologie herausgearbeitet worden. Die Aktualgenese ist transaktional zu verstehen, da sich die Person umgekehrt auch den Angeboten einer aktivierenden Umwelt öffnen muss, die Angebote also annehmen und verarbeiten muss. Im leistungsrechtlichen Zusammenhang kommt im Begriff der aktivierenden Pflege das Theorem der Aktualgenese zur Geltung. Es ist bedeutsam in komplexen Theorien zur Lebensqualität in Settings der Langzeitpflege, die dialogisch als soziale Interaktionsarbeit zu definieren ist und die ganze Strukturschichtung des Menschen in Geist, Seele und Körper „abzuholen“ hat.

fähigt werden *(digital literacy)*; andererseits muss es einen Möglichkeitsraum der Teilhabe an digitaler Partizipation geben. Die Förderung der Selbsthilfeaktivitäten im Sinne des § 20h SGB V kann hierbei nicht ausgegrenzt werden.

In dem Leitfaden[25] ist von Fragen der Digitalisierung keine Rede. Die Diskussion der Digitalisierung (in) der Selbsthilfe wird aber auf allen Ebenen der Selbsthilfeförderung geführt (Köstler, 2013; Schulz-Nieswandt, 2019h, 2018g, 2018h). Indikator sind die zahlreichen Tagungen[26] zu diesem Thema in den vergangenen Jahren. Als „Säule" des Gesundheits- und Sozialwesens kann dieser Fragenkomplex angesichts der augenblicklichen Bemühungen des Gesetzgebers zur Förderung der Digitalisierung des Gesundheitswesens (Digitale-Versorgung-Gesetz, DVG[27]) aus systematischen Gründen gar nicht ausgeklammert werden. Der Bundestag hat den Entwurf der Bundesregierung für das Digitale-Versorgung-Gesetz in der vom Gesundheitsausschuss geänderten Fassung am Donnerstag, den 7. November 2019, angenommen.

Die Digitalisierung der Selbsthilfe und ihrer Förderung ist also längst auf der Agenda der Fachdiskussionen vorhanden und hat die politische Arena erreicht.

---

25 Vgl. https://www.gkv-spitzenverband.de/media/dokumente/krankenversicherung_1/praevention__selbsthilfe__beratung/selbsthilfe/Leitfaden_Selbsthilfeforderung_ab_2020_barrierefrei.pdf; Tag des Zugriffs: 29. Dezember 2019.

26 Vgl. z. B. https://www.aok-bv.de/hintergrund/dossier/selbsthilfe/index_21388.html; Tag des Zugriffs: 29. Dezember 2018.

27 Vgl. https://www.bundesgesundheitsministerium.de/fileadmin/Dateien/3_Downloads/Gesetze_und_Verordnungen/GuV/D/Digitale-Versorgung_Gesetz_DVG_Kabinett.pdf; Tag des Zugriffs: 29. Dezember 2019.

3. Das Grundrecht auf Teilhabe als Grundrecht auf Teilhabe an der digitalen Transformation

Von Interesse ist nun, dass der aus der UN-Grundrechtskonvention der Rechte der Menschen mit Behinderungen resultierende rechtsphilosophische Gedanke der Inklusion (Schulz-Nieswandt, 2016a) das Argument einschließt, die betroffenen Menschen hätten ein Grundrecht auf Teilhabe am normalen Leben auf der Basis des historisch jeweils höchsten verfügbaren technologischen Niveaus (vgl. Art. 9 zum Themenkreis „Zugänglichkeit“):

> “1. To enable persons with disabilities to live independently and participate fully in all aspects of life, States Parties shall take appropriate measures to ensure to persons with disabilities access, on an equal basis with others, to the physical environment, to transportation, to information and communications, including information and communications technologies and systems, and to other facilities and services open or provided to the public, both in urban and in rural areas. These measures, which shall include the identification and elimination of obstacles and barriers to accessibility, shall apply to, inter alia:
> a) Buildings, roads, transportation and other indoor and outdoor facilities, including schools, housing, medical facilities and workplaces;
> b) Information, communications and other services, including electronic services and emergency services.
> 2. States Parties shall also take appropriate measures:
> a) To develop, promulgate and monitor the implementation of minimum standards and guidelines for the accessibility of facilities and services open or provided to the public;
> b) To ensure that private entities that offer facilities and services which are open or provided to the public take into account all aspects of accessibility for persons with disabilities;
> c) To provide training for stakeholders on accessibility issues facing persons with disabilities;
> d) To provide in buildings and other facilities open to the public signage in Braille and in easy to read and understand forms;
> e) To provide forms of live assistance and intermediaries, including guides, readers and professional sign language interpreters, to facilitate accessibility to buildings and other facilities open to the public;

f) To promote other appropriate forms of assistance and support to persons with disabilities to ensure their access to information;
g) To promote access for persons with disabilities to new information and communications technologies and systems, including the Internet;
h) To promote the design, development, production and distribution of accessible information and communications technologies and systems at an early stage, so that these technologies and systems become accessible at minimum cost."[28]

Zum angemessenen Verstehen der Argumentation ist zu beachten, dass es nicht nur um Menschen mit Behinderungen (Schulz-Nieswandt, 2016b) im engeren Sinne geht. Inklusion ist eine in der Philosophie des Personalismus (Schulz-Nieswandt, 2017c) wurzelnde Rechtsphilosophie der „heiligen" Ordnung der Menschenwürde (Schulz-Nieswandt, 2017b) und thematisiert daher im Sinne einer *Capability*-Politik den Abbau und die Vermeidung sozialer Ausgrenzungen des vulnerablen Menschen insgesamt, mag es sich nun um Probleme (Austerer & Radinger, 2018) z. B. der Einkommensarmut, der Langzeitarbeitslosigkeit, der Prekarität von Familien und des Bedarfes an frühen Hilfen, der Multimorbidität (Nolting, Deckenbach & Tisch, 2017; Burkhardt, 2019), der Langzeitpflegebedürftigkeit, der Alzheimer-Demenz (Grebe, 2019) in der Hochaltrigkeit oder um Genderfragen, um Einsamkeit (KDA, 2019c), um Rassismus u. a. m. drehen.

Damit sind im Lichte der Anthropologie und Rechtsphilosophie der Person die Handlungsfelder der Selbsthilfeaktivitäten in der vollen Breite des daseinsthematischen Spektrums angesprochen.

Mit Blick auf die Frage nach dem Ob der Förderung der Digitalisierung in der Selbsthilfe ist die Antwort demnach normativ-rechtlich (Schulz-Nieswandt, 2016a, 2018a) und somit gesellschaftspolitisch (Schulz-Nieswandt, 2020b) evident. Die Probleme liegen auf anderen Ebenen der Implementation, weitgehend analog zur Diskussion zur Förderung von digitalen Hilfesystemen (AAL u. v. a. m.[29]) in der präventiven, kurativen und rehabilitativen Gesundheits- und Pflegeversorgung im Kontext des Wohnens (KDA, 2014; Kremer-Preiß, 2020) und des Wohnumfeldes des *homo patiens* (Schulz-Nieswandt, 2019d).

28 https://www.un.org/development/desa/disabilities/convention-on-the-rights-of-persons-with-disabilities/article-9-accessibility.html; Tag des Zugriffs: 29. Dezember 2019.

29 Angekündigt: Hülsken-Giesler & Remmers, 2020; Hergesell, 2019.

4. Digitalisierung: Was ist auf welcher Ebene der Selbsthilfe gemeint?

Die Analyse unterscheidet in einer Mehrebenenbetrachtung verschiedene Schichten der „Säule“ der Selbsthilfe im Gesundheitswesen. Diese Sichtweise hat sich in vielen Studien als ertragreich erwiesen und soll auch hier gewählt werden.

Besonders hervorgehoben werden müssen dennoch die Erkenntnisgrenzen der Gegenstandsangemessenheit in der Treffsicherheit der Ebenendifferenzierung. Bei seltenen Erkrankungen und daher geringen Prävalenzen kann kein Gruppengeschehen *face to face* auf lokalen Ebenen in der Raumverteilung stattfinden. Hier sind Gruppe und Bundesverband womöglich identisch. Nicht alle Gruppen haben eine mehrstufige Organisation auf Landes-, Bundes- und sodann mitgliedschaftlicher Dachverbandsebene. „Die“ Selbsthilfe als homogenes Feld gibt es nicht. Genealogisch entspringen meist die Verbandsbildungen der ursprünglichen Dynamik der Gruppenaktivitäten als *Grassroot*-Bewegung, zum Teil haben aber auch Patientenverbände eine Gruppenentwicklung „von oben“ aus initiiert. Der (nicht normativ gemeinte) Grad der Professionalisierung ist in den Selbsthilfeorganisationen sehr unterschiedlich ausgebildet. Die Finanzierungssituation ist ebenso differenziert wie die Größe und das ideelle Selbstverständnis und folglich das Dienstleistungsprofil. Für die Frage nach der Digitalisierung ist diese soziografische Betonung der komplexen Landschaft „der“ Selbsthilfe jedoch besonders wichtig. In dem Fall des erwähnten Phänomens der Selbsthilfe von Menschen mit seltenen chronischen Erkrankungen zwingen die räumlich weit verstreuten „Fälle“ geradezu zur Virtualisierung der Kommunikation. Die Digitalisierung ist hier alternativlos. Auch wird verständlich, wieso bei seltenen chronischen Erkrankungen gerade die forschungspolitischen Interessen prägnant ausgebildet sind.

Schließlich sind die regionalen Kontaktstellen der Selbsthilfeförderung keine unmittelbare Selbsthilfe, sondern trägerschaftlich unterschiedlich verankerte, professionelle Sozialraumorganisationen.

4.1 Dynamiken der Mikroebene (Gruppen) im Kontext der engagierten Mesoebene (Kontaktstellen)

Wie bereits angesprochen wurde, so stellt die Mikroebene die Ebene des sozialen Gruppengeschehens dar. Im Anhang 1 wird eine Selbsthilfe-App vorgestellt. Im Rahmen einer Projektförderung haben die AOK PLUS für Sachsen und Thüringen sowie die (Kontakt- und Informationsstelle zur Selbsthilfeförderung (KISS) Landkreis Görlitz[30] in Zusammenarbeit mit der KISS Landkreis Bautzen sowie der KISS Aue diese App für die Selbsthilfegruppen entwickelt. Dieses Beispiel zeigt, worum es gehen kann. Aspekte der multiplen Funktionalitäten, der Qualitätssicherung, Datenschutzfragen und Fragen des Schutzes der privaten Persönlichkeitsrechte prägen die nicht triviale App-Entwicklungsgeschichte.

Auf der Mikroebene können digitale Strategien gerade auch Teilhabechancen bei mobilitätseingeschränkten Menschen fördern. In strukturschwachen ländlichen Regionen sind die Raumüberwindungsprobleme – anders als in städtischen Quartieren – so ausgeprägt, dass zum Teil nur mit digitaler Unterstützung Selbsthilfeaktivitäten ermöglicht werden können. Auch können so öffentliche Stigmatisierungen vermieden werden. Wenn die eingesetzten Medien oder technischen Formate in rechtlicher und ethischer Sicht abgesichert sind, ist hier die Privatsphäre nicht gefährdet, sondern sie wird gerade wegen der ermöglichten „Maskierung" in nicht physischen Gruppentreffen überhaupt erst ermöglicht. Allerdings stellen sich ebenso die Fragen neuer Ausgrenzungen, wenn es um das Nicht-Gelingen der Entwicklung und Förderung der notwendigen digitalen Einstellungen und Kompetenzen der Gruppenmitglieder geht. Mag dieses Problem zum großen Teil eine Funktion der Zeit in der Abfolge der Kohorten (KDA, 2018; Obermeier, 2020; Künemund & Fachinger, 2018) sein, so bleibt doch eine Verantwortung für die Gestaltung der Passagen bestehen.

Es geht auch um andere Formate. Aufschlussreich ist die von mir betreute Masterarbeit von Berenike A. Pauli (2019) zur virtuellen Selbsthilfe mittels Podcasts. Es zeigt sich, dass die Potenziale höher eingeschätzt werden als die Risiken. Aber es wird auch deutlich, dass der Einsatz dieses For-

30 Zum Kontext: Schulz-Nieswandt, F. (2019): Unveröffentlichter Abschlussbericht zur Evaluation des Projektes „Selbsthilfeförderung im ländlichen Raum nach § 20h SGB V im Freistaat Sachsen (Landkreis Görlitz)", gefördert von der AOK PLUS – die Gesundheitskasse für Sachsen und Thüringen. Köln. Vgl. aber auch die von mir betreute Masterarbeit von Köhne (2019).

mats eher in der Öffentlichkeitsarbeit denkbar ist als in der eigentlichen Selbsthilfe, die ja als Gegenseitigkeitshilfe verstanden wird.

Die Studie von Pauli zeigt auch den methodischen Weg, wie wohl die Fragen nach den Rahmenbedingungen der Förderung digitaler Selbsthilfe in virtuellen Welten vermessen und unter rechtlichen und ethischen Erwägungen skaliert werden können: durch SWOT-Analysen, die im Sinne angewandter Ethik nicht triviale Güterabwägungen zu begründen helfen sollen. Bei der Abwägung sollten Grundrechtsverletzungen vermieden werden, doch kann es auch zu Zielkonflikten zwischen Grundrechten kommen, so zwischen dem Grundrecht auf Teilhabe und dem Grundrecht auf Schutz der Privatsphäre (Schneider, 2016).

Da ergeben sich höhere Kompatibilitäten von Digitalisierung und Gegenseitigkeitshilfe etwa in Chaträumen: „Chat (engl.: *to chat* – ‚plaudern', ‚sich unterhalten'; auch Online-Chat) bezeichnet die elektronische Kommunikation mittels geschriebenem Text in Echtzeit, meist über das Internet."[31] Gerade hier gibt es jedoch eine Fülle von Risiken. Für Selbsthilfeaktivitäten müssen der Zugang und die Nutzungspraktiken in clubtheoretisch definierter Geschlossenheit für die Mitglieder qualitätsgesichert werden.

4.2 Die Makroebene der verbandsartigen Selbsthilfeorganisationen

Auf der Makroebene agieren Bundesorganisationen der Selbsthilfe sowie die Dachorganisationen. Die Selbsthilfeorganisationen sind „nach außen" in der politischen Arena integriert und somit an der Partizipation an den politischen Entscheidungsmechanismen interessiert. Sie wollen an der Agenda-Bildung mitwirken und in die Willensbildung eingebunden werden. Ein Beispiel ist die Mitwirkung der Selbsthilfe im G-BA (Schulz-Nieswandt u. a., 2018). Inwieweit die Selbsthilfe dergestalt inkorporiert und vom System kolonialisiert wird (Schulz-Nieswandt, 2019c, 2019f), wird kontrovers diskutiert. Strittig ist auch die Frage (Wrzeziono, 2020), inwieweit die Organisationen der Selbsthilfe noch nahe am authentischen Selbsthilfegedanken sind[32] und in diesem Sinne auf die Förderung ihrer Mitglieder (letztendlich also auf die Selbsthilfegruppen auf der Mikroebene) zentriert oder eher auf die politische Arena fokussierte Patienteninter-

31 https://de.wikipedia.org/wiki/Chat; Tag des Zugriffs: 29. Dezember 2019.

32 Vgl. Arbeitskreis Selbsthilfeförderung der Verbände der Krankenkassen auf Bundesebene (Hrsg) S. Wrzeziono und F. Schulz-Nieswandt, 2019.

essenverbände geworden sind – was ja im Neopluralismus organisierter Interessenlandschaften legitim ist. Als Organisationen sind diese Gebilde auf jeden Fall mit den Digitalisierungsherausforderungen konfrontiert.

Organisationsentwicklung

Dies betrifft die gesamte Organisationsentwicklung und somit alle betriebswirtschaftlichen Basisfunktionen und erfordert eine Digitalisierung der gesamten Geschäftsprozesse (Ückert, Sürgit & Diesel, 2020). Längst ist in vielerlei Publikationen von der „Sozialinformatik" die Rede.

Sind diese Anforderungen digitaler Transformation öffentlich zu fördern? Anders als die Organisationen der freien Wohlfahrtspflege, die analoge Herausforderungen bewältigen müssen, stehen die Selbsthilfeorganisationen nicht in einer vergleichbaren marktbezogenen Wertschöpfungssituation, die eine unternehmerische Selbstfinanzierung ermöglicht. Auch andere nicht kapitalistische Unternehmen – die öffentlich-rechtlichen Sparkassen wie auch die Kreditgenossenschaften (Schulz-Nieswandt, 2013a) – müssen den Finanzbedarf der Digitalisierung erwirtschaften. Fundraisingaufgaben stellen sich in allen Teilen des Dritten Sektors und der Zivilgesellschaft. Besteht dennoch die Möglichkeit, hier eine öffentliche Aufgabe zu erkennen?

Governanceaufgaben im System

Eine Möglichkeit wäre, die Selbsthilfeorganisationen im neokorporatistischen Selbstverwaltungssystem (Tesar, 2018) des bundesdeutschen Gesundheitswesens (Schulz-Nieswandt, 2019c) als Funktionsvoraussetzung für das System anzuerkennen. Auf diese Möglichkeit kommt die Analyse gleich noch einmal zurück.

Interne Dienstleistungen und externe Dienstleistungen

Die Förderung der Digitalisierung der Mitglieder auf den Ebenen unterhalb der Spitzenorganisationen ergibt Sinn, da dies der Modernisierung der „Selbsthilfebewegung" dienen kann. Zu bedenken ist die Hypothese der quantitativen Stagnation in der Gruppenentwicklung, bedingt wohl auch durch einen schwierigen Generationenwechsel (Schulz-Nieswandt,

2018h). Zeitgemäße Wege in eine virtualisierte Selbsthilfe und in digitale Kommunikationsräume sind in diesem Sinne eine (mutativ-selbsttransformative) Entwicklungsaufgabe.

Auch die informationsbezogenen Dienstleistungsaufgaben der Organisationen der Selbsthilfe für Dritte – auch wenn der Typus des *homo digitalis* als passiver Konsument kritisch zu kommentieren wäre – können als öffentlich relevante, für das Gemeinwohl bedeutsame Leistungen eingestuft werden und wären förderwürdig. Gleichwohl wird weiter unten nochmals die Frage aufzuwerfen sein, ob dies angesichts der Erfüllungsbedürftigkeit eines doch deutlich mittelbaren Nutzens für die GKV-Versicherten bzw. für die Patienten aus Sozialversicherungsbeiträgen oder eher steuerlich finanziert werden sollte.

5. Digitalisierung: Was kann wie gefördert werden?

Zwei Themendimensionen müssen besonders betrachtet werden: Es geht einerseits um die Ebene der Implementation einer Förderpolitik. Und es geht andererseits um einige Grundsatzfragen in Bezug auf zentrale Strukturelemente einer Digitalisierungsförderpolitik.

5.1 Implementationsebenen

Analog zu meinen Ausführungen (Schulz-Nieswandt, 2019d) zur Implementation der leistungsrechtlichen Förderung von assistierenden Technologien und digitalen Hilfesystemen (im Kontext des präventiven Hausbesuchs bei Krankenhausentlassung) stellt sich die Frage, wie die finanzielle Förderung der Digitalisierung leistungsrechtlich im Sozialrecht verankert werden könnte. Mit dem § 20h SGB V haben wir ja uno actu sowohl einen förderauftragsbegründenden als auch einen finanzierungsermöglichenden Paragraphen vorliegen. Hier können leistungsrechtliche Regelungen zur Förderung der Digitalisierung der Selbsthilfe aufgenommen werden. Allerdings kann dies nicht als untergesetzliche Modernisierung des Leitfadens verstanden werden. Der Leitfaden zur Selbsthilfeförderung wird ja regelmäßig, wie es dort lautet, „in Zusammenarbeit mit den Verbänden der Krankenkassen auf Bundesebene sowie mit Beteiligung der Vertretungen der für die Wahrnehmung der Interessen der Selbsthilfe maßgeblichen Spitzenorganisationen weiterentwickelt“. Hier müsste entweder eine Gesetzesänderung durch den Bund vorgenommen werden oder der G-BA (Zimmermann, 2012; Kluth, 2015) mit einer Anpassung betraut werden, um eine bundeseinheitliche Regelung zu verwirklichen. Ein bundeseinheitlicher Rahmenvertrag könnte anvisiert werden.

Die GKV-Kassen könnten auch unterhalb dieser Ebene Rahmenvereinbarungen mit den Selbsthilfeorganisationen auf Landesebene treffen. Angesichts des solitären § 20h SGB V kommt eine Öffnung der Regelungen zur Hilfsmittel-Richtlinie[33] in Richtung auf eine Erweiterung um technische Hilfsmittel digitaler Art durch den G-BA weniger infrage. Im Fall der Förderung etwa von AAL-Systemen in Privathaushalten wäre dies anders

33 Dazu https://www.g-ba.de/richtlinien/13/; Tag des Zugriffs: 30. Dezember 2019.

gelagert, da ja eine personenzentrierte Bedarfsfeststellung notwendig ist. In der oben genannten Studie (Schulz-Nieswandt, 2019d) wird für die Einbettung der Empfehlungen für digitale Hilfsmittel in das Assessment im Rahmen des präventiven Hausbesuchs plädiert. Dies wäre eine sinnvolle Erweiterung des Rahmenvertrags der qualitätsgestützten Krankenhausentlassung gemäß § 11 (4) SGB V als Teil der Krankenhausbehandlung gemäß § 39 SGB V angesichts der *No-Care*-Zonen infolge der fehlenden Sicherstellung von *Bridging*-Funktionen *(transitional planning)* bei vulnerablen Risikogruppen in der Hochaltrigkeit.

5.2 Strukturelemente einer Digitalisierungsförderung

Eine Anpassung des § 20h SGB V muss einige strukturelle Eckbausteine klären.

Pauschal- und Projektförderung

Die oben exemplarisch angeführte Selbsthilfegruppen-App verweist auf die Möglichkeiten der Projektförderung. Bekanntlich wird dieser Spielraum der Einzelkassen durch die Neuerung des Leitfadens der Selbsthilfeförderung massiv zugunsten der Pauschalförderung eingeengt, wobei gerade auch die Ebenen oberhalb des sozialen Gruppengeschehens gestärkt werden. Innerhalb dieser Pauschalförderung können natürlich digitale Innovationen auf allen Ebenen finanziert werden. Auch die digitale Transformation kann vorangetrieben werden. Das betrifft bei den Selbsthilfeorganisationen die politische Lobby- und Netzwerkarbeit im Neokorporatismus (Tesar, 2018) ebenso wie die allgemeine Öffentlichkeitsarbeit mit Blick auf die Dienstleistungen für Dritte, also für die passiven Konsumenten der informationssuchenden Internetsurfer. Die Förderung der Dachorganisationen kann aber auch als Entwicklungsimpuls an die Mitglieder der Selbsthilfeorganisationen weitergeleitet und von diesen als Mitgliederförderung auf der Mikroebene transportiert werden. Für diese mehrstufigen *Spillover*-Effekte müssen aber die Transitionsmechanismen gewährleistet werden.

Auch die Mesoebene kann so in den Sog einer digitalen Modernisierung einbezogen werden. Kritisch zu bedenken ist, dass das Tätigkeits- und Leistungsprofil der Kontaktstellen und vor allem deren Integration in die multithematische und transsektorale Sozialraumbildung im Sinne von kosteneffektiven[34] *Caring-Community*-Bildungen (Schulz-Nieswandt, 2020c, 2020d, 2020e) derzeit nicht hinreichend ernsthaft diskutiert werden. Parallelstrukturen und Redundanzkosten werden nicht gründlich diskutiert. Möglichkeiten der Zweckentfremdung der Mittelverwendung, auch durch versteckte Quersubventionen in den Trägerorganisationen, sind hierbei keineswegs ausgeschlossen.

Strukturen und Kompetenzen

Der *Capability*-Ansatz moderner Sozialpolitik sieht (kontextualisiert in der Gesellschaft im „Informationszeitalter“: Castells, 2017) sowohl die Förderung von Infrastrukturen als Ermöglichungsräumen (z. B. die Förderung der Kontaktstellen oder den Ausbau der Informationsserviceleistungen[35] der Selbsthilfeorganisationen für die Bürger) als auch die Förderung von (digitalen) Kompetenzen der Mitglieder der Selbsthilfeorganisationen als die zwei in Wechselwirkung stehenden Seiten der Befähigungspolitik vor. Doch auch hier muss der Gesundheitsbezug in zumindest „mittelbarer Unmittelbarkeit“ gegeben sein, denn allgemeine Bildung mit Blick auf gelingende Daseinsführung ist nicht Aufgabe der GKV.

Sozialbeitragsförderung und mittelbare Unmittelbarkeit

Sozialversicherungen sind parafiskalische Gebilde öffentlich-rechtlicher Art in Selbstverwaltung mit verfassungsrechtlich strenger Zweckbindung der Sozialbeiträge. Dabei gilt der leistungsrechtliche Grundsatz der zumindest „mittelbaren Unmittelbarkeit“ in der Erreichbarkeit der Versicherten in der Rolle von Patienten im Versorgungsgeschehen. Medizinische Eingriffe und pflegerische Verrichtungen an Geist, Körper und Seele der Menschen benötigen Strukturen der Erreichbarkeit der Zielgruppen. Die Förderung von Kontaktstellen im Sinne des § 20h SGB V oder auch des § 45d SGB XI sind exemplarisch, ebenso wie der § 7c GB XI. Allerdings zeigen auch Beispiele rein kommunaler, netzwerkbildender Beratungs- und Fallsteuerungseinrichtungen (im Sinne der Vorgaben der DGCC) die Möglichkeiten kommunaler Daseinsvorsorge gemäß Art. 28 GG, z. B. in Ver-

---

34 Im Sinne der Maximierung der Kosteneffektivität (Ω) dient die Minimax-Regel für die Relation von Input (i) und Output (o) der Optimierung des Outcomes O (hier der Lebensqualität LQ):

$$(\Omega \rightarrow \text{max!}) = f\{O[LQ]/([o/i] \rightarrow \text{minimax!})\}.$$

35 Dazu aber auch Rietmann, Sawatzki & Berg, 2019.

bindung mit § 71 SGB XII. Auch die Verantwortungsrolle der Eigengesetzlichkeit der Länder (z. B. § 9 SGB XI) als Gewährleister sozialer Infrastruktur (ebenso im Bereich der Krankenhausplanung und der diesbezüglichen Investitionsförderung) im Sinne des Art. 20 GG ist zu betonen.

Steuerfinanzierung der Governance

Ob auch die Finanzierung von Governancemitwirkungsrollen der Selbsthilfe auf Bundes- und Landesebene aus Sozialversicherungsbeiträgen verfassungskonform ist, müsste diskutiert werden. Aus Sicht der ökonomischen Theorie müssten öffentliche Güter (Born, 2014) steuerfinanziert werden, weil so die Identität von Nutzendiffusion und Kollektivfinanzierung optimiert werden kann. Wenngleich ca. 90 % der Bevölkerung in der GKV (pflichtversichert oder auch freiwillig versichert) sind, sind doch die Beitragsbemessungsgrundlagen anders als im Fall möglicher Steuerfinanzierungsmodelle. Dies ist nicht nur eine Frage der fiskalischen Ergiebigkeit, sondern auch eine der sozialen Gerechtigkeit. Sozialversicherungen haben die Verwaltungskosten niedrig zu halten. Die Kosten effektiver Governancestrukturen können in einem weiteren Sinn den Kosten der Verwaltung zugerechnet werden.

6. Fazit

Meine Beobachtung in vielen Diskursen ist, dass die digitale Transformation eher in ihrem Potenzial und somit als Chance für die „Selbsthilfebewegung“ gesehen wird. Sie ersetze die klassische, dialogische Bewegung nicht (Ehrhardt, 2019). Es sind bei Ehrhardt wohl Parallelwelten. Köstler (2013) erkennt eher Segmentierungen innerhalb des Feldes der Selbsthilfeaktivitäten. Die vorliegende Analyse erkennt dagegen – aber differenzierter als in der ursprünglichen Skizze zur Expertise (vgl. Anhang 2) – eine vielgestaltige Durchdringung der verschiedenen Ebenen der Selbsthilfe und der Tätigkeits- und Leistungsprofile der Selbsthilfeaktivitäten auf allen Ebenen. Die digitale Transformation wird phänotypisch die Gesichter – auch genotypisch das Wesen mutierend? – der Selbsthilfe transformieren.

Schaubild 3 fasst nochmals die Analyselandschaft möglicher Wirkungszusammenhänge zusammen.

Schaubild 3: Die Wirkungskreise der Digitalisierung in der „Welt“ der Selbsthilfe

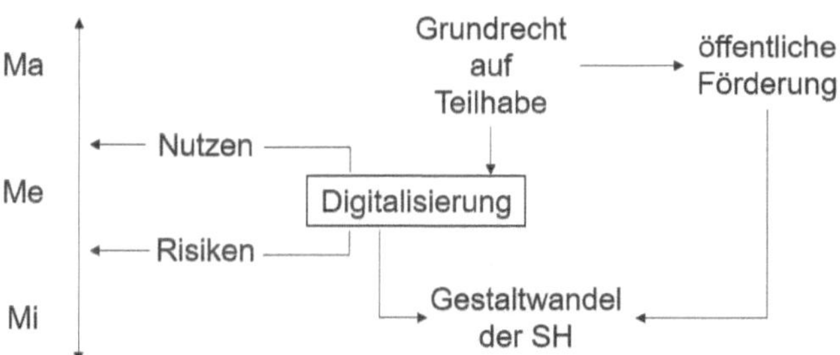

Differenziert wurde in einem analytischen Mehrebenensystem zwischen der Mikroebene (Mi), der Mesoebene (Me) und der Makroebene (Ma) der Selbsthilfe. Auf allen drei Ebenen kann nach dem Nutzen und den Risiken der Digitalisierung gefragt werden. Der offene, nutzenorientierte Zugang zur Digitalisierung erhält seine Begründung in der vorgenommenen grundrechtlichen Zugangsweise im Sinne des Völkerrechts, das auch die normative Struktur der relevanten Sozialgesetzbücher prägt. Die Risiken resultieren aus der Sicht auf einen unerwünschten bzw. problematischen Gestaltwandel der Selbsthilfe (SH). Darauf beziehen sich unsere eingangs formulierten Hypothesen. So lautet die obige Passage: „Die Studie diskutiert die Auswirkungen (Chancen und Risiken) und die Möglichkeiten und Grenzen einer öffentlichen Förderung digitalisierter Selbsthilfe im Sozialrecht. Dabei steht die These der Erosion der klassischen Selbsthilfegruppenbewegung im Vordergrund. Kann man die Hypothese validieren? Die zweite These verweist auf die Transformation der Verbände zu Service-Institutionen für Dritte als passive Konsumenten. Nicht betroffen von solchen Risiken sind die regionalen Kontaktstellen, da diese ohnehin professionelle Gebilde der Förderung von Selbsthilfeaktivitäten darstellen. Auch hier stellt sich die Frage nach der Validierung dieser zweiten Hypothese."

Die öffentliche Förderung, um die es in den sozialrechtlichen Schlussfolgerungen geht, ist in den gemeinsamen Wirkungszusammenhang der Nutzen und der Risiken eingebunden.

Und mit Blick auf diese Möglichkeiten und Grenzen, zumindest Probleme der öffentlichen Förderung hat sich die eingangs formulierte Sicht bestätigt, die da lautete: „Die **Hauptthese** auf einer übergeordneten Argumentationsebene lautet: Es ist weitgehend nicht die Frage, **ob** die digitale Modernisierung der Selbsthilfeaktivitäten auf den verschiedenen Organisations- und Handlungsebenen öffentlich bzw. öffentlich-rechtlich im Sinne der kompetenzorientierten Befähigung (in Fragen der Bildungsmedien: Wunder, 2018) und der infrastrukturellen Ermöglichung gewährleistungsstaatlich gefördert werden sollte. Probleme liegen auf der Ebene der Frage nach dem vor allem rechtlich abgesicherten, machbaren, angemessenen und effektiven **Wie**. Dies auch, weil die Digitalisierung auf unendliche Weiten des Möglichen verweist und das Thema leicht umkippt in strukturelle Grenzenlosigkeit."

Gemessen an den Notwendigkeiten einer Kritischen Theorie der Formung des Menschen zum *homo digitalis* (Schulz-Nieswandt, 2019g; vgl. auch angekündigt: Wolff, 2020), wenn man an Thesen über ein „New Dark Age" (Bridle, 2020) oder an die Visionen künstlicher Unsterblichkeit (Riesewieck & Block, 2020) denkt (dazu auch Gabriel & Eckoldt, 2019: 202 ff.), erscheint der Diskurs in der Selbsthilfeszene eher unkritisch auszufallen.

Und dennoch ist festzuhalten, welche Transformationsrisiken in der Digitalisierung der Selbsthilfe bestehen. Dazu unterscheiden wir in der topografische Mehrebenenarchitektur der Selbsthilfe zwischen Lebenswelt und System im Sinne der Mikro-, Meso- und Makroebene (die vertikale Sphärenverschachtelung von *MiMeMa*) zwei Entwicklungsdynamiken:

Hypothese 1: Je höher die Analyse in der Vertikalität von *MiMeMa* (von unten nach oben) aufsteigt, desto stärker wächst die Wahrscheinlichkeit, dass die Verbände der Selbsthilfe als Selbsthilfeorganisationen nicht nur zu Lobbyisten im politischen System mutieren, sondern zu Service-Organisationen für Dritte (definiert als die Sozialfigur des passiven *homo consumens* in der medialen Rolle als *homo digitalis*). Die Selbsthilfe wird zum Warenkorb einer Selbstbedienungsgesellschaft. Darin kann man positiv durchaus die Erfüllung einer wertvollen öffentlichen Aufgabe sehen, die entsprechend öffentlich förderwürdig ist. Nur ist es nicht mehr die Tradition der mutualen[36] Solidarität. Das muss man nicht sozialromantisch bedauern, aber morphologisch als soziale Faktizität festhalten.

Hypothese 2: Je mehr der Blick der Analyse in der Vertikalität von *MiMeMa* herabsteigt (von oben nach unten), desto stärker wächst die Wahrscheinlichkeit einer Veränderung der Gegenseitigkeitshilfe, in der lebendweltlichen Nähe des sozialen Dramas des Alltags mit Blick auf das konkrete Versorgungsgeschehen. In einer ersten Phase dieser Veränderung kommt es zu einem Gestaltwandel, dessen „Entleiblichungseffekt" in einer zweiten Phase bis hin zur Erosion der Mutualität führen kann, weil auch hier der Kern der Selbsthilfegruppe zum lokalen, digitalen Service-Center für Dritte mutiert.

Soll es bei diesem kurzen Verwendungsmoment der Leiblichkeit bleiben? Ich baue bewusst einen als Fremdkörper anmutenden Baustein ein. So wenig abstrakt die Lebenswelt von Selbsthilfe ist, so sehr das Thema der

---

36 Das Leben ist – so bekanntlich die Lebensweisheit – ein Geben und Nehmen, dies in vielerlei Hinsicht. Dieses System des gegenseitigen, wechselseitigen, nicht nur dyadischen, sondern komplexen Austauschs folgt der Regel der Reziprozität von (bedingter, begrenzt unbedingter) Gabe und (freiwilliger oder obligatorischer) Gegengabe. Es handelt sich um Netzwerkbildung, bestimmten Haltungen und Motiven, bestimmten Situationen, Kontexten und Anlässen folgend, unterschiedliche Ressourcen einbringend, zeitnah oder auch zeitversetzt arbeitend. Eine materielle, aber auch symbolische Sorgekultur, vielfach sinnhaft mehr als ein kalkulatorisches ökonomisches Risikomanagement. Reziprozität ist eine zentrale Kategorie des Wesensverständnisses der Kultur des Sozialen und basiert auf der Anthropologie der Gabe im Verständnis der Personalität des Menschen. Sie ist netzwerktheoretisch von morphologisch konstitutiver Bedeutung für die Logik der Caring Communities. Reziprozität kann in Netzwerken der *strong ties* und *weak ties* unterschiedliche Formen annehmen (relative Unbedingtheit der Gabe: Geben > Nehmen; Äquivalenzlogik des Tausches: Geben ≈ Nehmen; *Moral-hazard-* bzw. Trittbrettfahrer-Modus: Nehmen ohne Geben). Die „Währung" von Geben und Nehmen kann homomorph (z. B. Zeit gegen Zeit) oder heteromorph (z. B. Zeit gegen Geld oder Zeit gegen Dankbarkeit) sein. Probleme langgestreckter Intertemporalität von Gabeakt und Gegengabe liegen in dem Bedarf von Vertrauensvorschuss bzw. in den Transaktionskosten des Risikomanagements.

Förderung der Digitalisierung der Selbsthilfe eingeordnet wird zwischen der Rolle der Selbsthilfe im Versorgungssystemgeschehen und ihrer sozialrechtlich kodifizierten Förderung usw., so sehr verbergen sich hinter der trivialen Alltäglichkeit des Themas existenzielle Fragen, die die Reflexion über die *conditio humana* des Menschen betreffen. Das Thema der gemeinschaftlichen Gesundheitsselbsthilfe mag zwar ein Spezialthema und für nicht betroffene Bevölkerungskreise ein Nischenthema sein, aber in der profanen Exemplarität verbirgt sich der Spiegel auf das Ganze des sozialen Wandels, in den der heutige Mensch eingestellt ist. Aus seiner Kontingenznatur[37] heraus von Unsicherheit geprägt war er immer und wird es immer sein. Er ist daher – angesichts der ubiquitären Angst – ein fragender Mensch. Er muss Antworten finden. Er muss die Dinge verstehen und handhaben können und ist einem integrativen Sinnhorizont bedürftig. Diese Daseinsproblematik zeigt sich an den großen Themen der Zeit. Die Digitalisierung – ebenso wie z. B. die Umwelt, der Frieden – gehört dazu. Und es ist der ontologischen[38] Totalität jeder gesellschaftlichen Epoche geschuldet, dass letztendlich auch die trivial-profanen Kleinigkeiten des All-

---

37 Das Merkmal der *conditio humana* ist, dass immer alles auch ganz anders sein kann. Das kann positiv als Chance, aber auch negativ belastend als angstbesetzte Unsicherheit erlebt werden. Möglich ist im Alltag der Menschen die Haltung: Es wird alles nicht so heiß gegessen, wie es gekocht wird. Aber es ist auch möglich, dass man sich den Mund böse verbrennen wird. Sicher ist nur, dass die Zukunft unsicher ist. Aber das ist die Seinsverfassung des Menschen. Kontingenz bezeichnet ontologisch eine Eigenschaft der Stellung des Menschen im Kosmos: Alles kann auch ganz anders sein und/oder dazu werden. Wahrscheinlichkeitsmathematik ist der Versuch, über diese Unsicherheit bedingte Kontrolle zu erreichen. Das Versicherungswesen ist ein Paradebeispiel für dieses Risikomanagement. Angesichts der Unsicherheit mag (sinnvolle) Angst (Sorgemotiv) aufkommen. Kontrollbedürfnisse können sich aber auch zu neurotischen Kontrollzwängen versteigen. Kohärenz ist hierbei eine Ressource, sich nicht ohnmächtig dem „Schicksal" (den Göttern) zu ergeben und gegen die daimonisch anmutenden Kräfte zu kämpfen.

38 Die Ontologie fragt nach der Struktur des Seins (des Menschen im Kosmos) an sich. Der Mensch hat, ungeachtet seines Wandels in der Geschichte und im Kulturvergleich, zentriert um die Würde als Kern des Verständnisses von Personalität, ein Wesen, eine Seinsverfassung, die zum Ausdruck drängt, also soziale Wirklichkeit werden will. Denken wir an Goethes Entelechie: Wie wird aus dem Samenkorn ein Baum (oder eine Rose)? Der ganze Plan der Gestalt-Werdung ist im Korn enthalten, doch kann die Rosenpflanze verkümmern (zu viel oder auch zu wenig Wasser und Licht). Es ist mit dem Menschen nicht anders: Er wird nur, was er sein kann, kraft seiner Vergesellschaftung. Doch kann die Kultur des Gärtnerns misslingen. Sein Dasein wird sodann verfehlt. Die Ontologie als Metaphysik des Wesens (Struktur) des Seins „an sich" reflektiert die Seinsverfassung des

tags von diesen großen Themen durchdrungen sind, von denen die Kunst ohnehin immer handelte (Liebe, Einsamkeit, Verlust, Endlichkeit und Tod): Wenn wir die Frage stellen, wie gemeinschaftliche Selbsthilfe im Modus der Gegenseitigkeit im digitalen Modus möglich wird, so stecken darin versteckt, tief- und hintergründig, die allgemeinen Fragen nach der Möglichkeit der Liebe und der Vergemeinschaftung im Zeitalter der digitalen Mutation unserer Kultur verborgen. Es kommt also, bis hinein in die Selbsthilfedebatte, die Frage auf, welche zivilisatorische Stufe des prometheischen *homo faber* wir nun betreten. Ist es eine Treppe, die wackelig ist und von der wir drohen, tief herunterzufallen? Haben wir im Labyrinth noch den Überblick? Teilen wir das Schicksal des Ikarus? Tanzen wir am Rand des Hades? Hat der vielfach diskutierte Wandel der gesundheitsbezogenen Selbsthilfe etwas mit der „Dialektik der Aufklärung", wie sie uns von Adorno und Horkheimer zum Weiterdenken aufgegeben wurde, zu tun?

Eine kurze anthropologische[39] Reflexion der digitalen Prothese: Die existenziale Bedeutung digitaler Prothesen wird aber in Grenzsituationen deutlich, die verstehen lassen, dass die berechtigte Kulturkritik der digitalen Transformation in einer ohnehin von Entfremdung durchwalteten

---

menschlichen Daseins existenzphilosophisch in sozialpolitisch relevanter Weise mit. Mit kritischer Theorie verbindet sich die Ontologie, wenn sie sich im historischen Zeitstrom auf eine dynamische Auffassung der Prozesse im Lichte eines Noch-Nicht konkretisiert. Dann diskutiert sie „konkrete Utopien" des Wirklich-Werdens des menschlichen Wesens: Das personale Wesen (Essenz) des Menschen würde sich dann in den Figurationen des sozialen Miteinanders in passender Form zum Ausdruck (Existenz) bringen.

39 Dies ist die Lehre vom Wesen des Menschen (Konstanz), einschließlich seiner Veränderbarkeit (Plastizität). Anthropologie ist die Wissenschaft vom Menschen. Im Gegensatz zu radikalen Varianten der Historischen Anthropologie, die davon ausgehen, dass die einzige Konstante die Wandelbarkeit des Menschen in Raum und Zeit ist, und daher einer Mentalitätsgeschichte gleichkommen, ist hier unter Anthropologie eine Lehre vom „Wesenskern" des Menschen (*conditio humana*) über Zeit und Raum hinweg zu verstehen. Es geht also um die Universalien menschlichen Daseins als Existenzproblematik. Dabei hat sich neben der Kulturanthropologie, der Sozialanthropologie und der Ethnologie insbesondere eine Philosophische Anthropologie herausgebildet. Eine solche universale Anthropologie schließt eine Kulturgeschichte des Wandels der Formen gewisser Universalien (z. B. in der Psychohistorie und der Formen der Subjektivierung) keineswegs aus. Nur der Tatbestand der Vergesellschaftung „an sich" gehört zur Seinsverfassung des Menschen, der grundsätzlich in Figurationen eingebettet ist (*Cultural-embeddedness*-Theorem).

Welt des Kapitalismus als Religion, des kapitalakkumulativen Produktivismus als Fetischismus, des Konsums als animistischer Magie der Eucharistie, der logistischen Warendistribution als Beschleunigungswahn – die kritische Bibliothek hierzu ist Legende – nicht falsch ist, aber die Dinge natürlich immer zwei Seiten haben und somit Ambivalenzstrukturen aufweisen. Die Priorität liegt in der leiblich erfahrbaren Lebenswelt einer dialogischen Begegnung der Berührung. Aber es gehört zur *conditio humana,* dass das menschliche Drama Lebenslagen vorsieht, die nicht mehr den Normalvorstellungen in routineartigen Alltagsstrukturen entsprechen, die hier mit Netzwerkerosionen quantitativer wie qualitativer Art, mit Raum- und Mobilitätsdynamiken, mit besonderen Krisenszenarien zu tun haben, die den Menschen eine notwendige, innovationsorientierte Plastizität abfordern. Dieser radikale, Angst auslösende Wandel der Umwelten kann, psychoanalytisch gesprochen, als Kastration empfundene Verlustfunktionen auslösen und narzisstisch kränkende Selbstkonzepterosionen auslösen, kann Kohärenzerfahrungen gefährden, Kontrollkompetenzbedürftigkeiten unterlaufen, nicht vertrauten Lernstress auslösen usw. Doch erfolgreich war der kooperative Mensch in seiner biosozialen Evolutionsgeschichte nur aufgrund eben dieser Plastizität in der transaktionalen Konstellation von Person und Umwelt. Seine personale Struktur der Funktionsschichtung von Geist, Körper und Seele wird sich also auch auf neue mediale Wege der Kommunikation (mit Pepper, Paro usw.) einlassen müssen, wenn sie ihm mit Blick auf seine Lebensqualität und somit auf das gestaltwahre Gelingen (Schulz-Nieswandt, 2019k, 2020g) des sozialen Miteinanders dienend und somit hilfreich sind. Die modernen, digitalen Verfahren der Kommunikation schließen gegenüber dem klassischen Telefon den Blick auf die non-verbalen Zeichensysteme des Menschen nicht aus, bieten den Einbezug wichtiger, identitätsstiftender Hintergründe (Dinge des Alltags, die zu uns sprechen) und erhöhen in Echtzeit die Möglichkeiten der Kommunikation in mehrköpfigen Figurationen. Das mag immer nur eine prothetische Lösung (Schulz-Nieswandt, 2018g) sein. Aber ist sie nicht auch eine Bereicherung gegenüber dem Telefonat, bei dem man „nur“ auf ein Foto (ein wichtiges Artefakt in einer lebendigen Erinnerungskultur) schauen kann, oder im Vergleich zu einem Brief, dessen Absender man „nur“ imaginieren – eine fundamental wichtige kreative Kompetenz – kann?

Das digitale Leben wird unsere Person-Umwelt-Erfahrung, unsere Zeitökonomik, unser Raumerlebnisbild, die Magie und den Animismus der Dinge, die Formen der imaginativen Praxis, die Fremd- und Selbstregulierungen, unsere Kommunikationsproduktivität u. v. a. m. verändern. Es liegt aber in der Natur der Definition der Prothetik, dass artifizielle Bilder nicht die leibliche Erfahrung der Lichtmetaphysik einer nur ontotheologisch ergründbaren Landschaft (Schulz-Nieswandt, 2017e, 2018k) vollständig substituieren können. Dem Genie Hölderlins, das Licht Hellas zu erleben, obwohl es angesichts der nie faktischen Erfahrbarkeit nur eine imaginative Leistung war, haftete immer die melancholische Atmosphäre an, die im tiefen Seufzen ausmündet.

Kommen wir aus dieser narrativen Poetik des menschlichen Dramas zurück.

Offen bleibt dann die Zukunft der KISS-Strukturen. Wenn es eine Stagnation oder gar Rückläufigkeit traditioneller Selbsthilfegruppen in der kumulativen Dynamik von Generationenwechsel und Digitalisierung geben sollte, was wären dann die Aufgaben der KISS? Sie könnten sich in der Sozialraumentwicklungspolitik als regionale Agenturen digitaler Servicestellen thematisch neu einsortieren. Eines der Hauptprobleme ist die Frage der möglichen Redundanzstrukturen im kommunalen Feld, wenn nach Kostenverantwortung und trägerschaftlich getrennte, viel- oder zumindest mehrfach themen- oder zielgruppenspezifische informationsliefernde und -steuernde sowie netzwerkbildende Beratungseinrichtungen bzw. -dienste etabliert werden. Hier sind auch Marktinteressen im Wettbewerb im Spiel, die primär diese Dienste portfolioartig den ökonomischen Erbringerzielen (unternehmerischen Formalzielen) dienen lassen statt den bedarfsdeckungswirtschaftlichen Sachaufgaben (Schulz-Nieswandt, 2015d) in Bezug auf die Zielgruppen, die zu Nebenzielen, gar zu Nebenbedingungen des Wirtschaftens werden. Zu diesem Problemkomplex zählen dann auch die schwierigen Neutralitätsgebote in der Vergabe von Trägerschaften öffentlicher Aufgaben.

7. Digitale Selbsthilfe im Kontext von Corona

Trotz der Gefahren der Transformation (Formung im Sinne der Paideia) des Menschen zum *homo digitalis* im Lichte einer Kritischen Theorie des Kapitalismus 4.0 (Schulz-Nieswandt, 2020g) muss man auch die Nutzenseite im gerontologischen und somit alterssozialpolitischen Zusammenhang erkennen. Vor diesem Hintergrund wird evident: In der Corona-Krise (umfassend Schulz-Nieswandt, 2020f) ist leicht erkennbar, welche Hilfe die Digitalisierung für die sich unter Corona-Bedingungen eskalierend problematischen, weil im Modus der Pauschalkasernierung darstellenden Pflegeheime (Schulz-Nieswandt, 2020a) wäre, vorausgesetzt, die notwendigen Kompetenzen würden gefördert. Aus der Forschung ist bekannt, dass die Fähigkeiten älterer Menschen in Fragen von *digital literacy* unterschätzt werden; es müssen lediglich erste Hemmschwellen erst einmal überwunden werden. Natürlich ist das Alter, interindividuell gesehen, von hoher Varianz geprägt. Aber die pauschale Unfähigkeitszuschreibung zählt zu den Beispielen stereotypischer Defizitbilder, die ohne Evidenz sind. Die digitale Vernetzung gehört zu den Unterstützungssystemen in familialen und nachbarschaftlichen *Caring-Community*-Bildungen im Sinne der lokalen sorgenden Gemeinschaften des 7. Altenberichts. Sie gehört daher, analog dazu, auch zur Sozialraumöffnung der Heime. Gerade jetzt, wo die Isolationseskalation durch Corona eintritt, zeigen sich die Modernisierungsdefizite der Heimwelten. Und dennoch: Dort, wo die geografische Nähe es ermöglicht, sollen digitale Räume die leibliche Erfahrung der Dialogizität der menschlichen Begegnung nicht ersetzen. In der Corona-Krise zeigt sich die doppelte Tragik: Das eine ist nicht entwickelt; das andere wird unterbunden (ausführlich Schulz-Nieswandt, 2020e).

8. Einige eher häretische Abschlussfragen als Ausblick

Die Pauschalfinanzierung der Selbsthilfe auf allen Ebenen lässt Sozialinvestitionen in die digitale Selbsttransformation der Selbsthilfe zu. Es könnte noch ein anderes wichtiges Argument für eine Art von „(fast) bedingungslosem Grundeinkommen" der „Selbsthilfebewegung" geben: Sie wird befreit von den Gefahren des Fundraisings und Sponsorings, die es angesichts der Macht des medizinisch-pharmazeutisch-technischen Komplexes gibt (Helms & Klemperer, 2015).[40] Aber kann die pauschale Lösung einer Pauschalfinanzierung das letzte kluge Wort sein?

Und: Als Teil der „Dritte(n) Bank" im G-BA und als „vierte Säule" des Systems insgesamt bekommt die Selbsthilfe ein Budget. Welches Spiel – „Wir sitzen alle in einem Boot" (Peil, 1986)? – soll hier von ihr nun mitgespielt werden? Wie verändern sich die Außenseiter (Elias & Scotson, 2002), wenn sie (zum) Teil der Etablierten (sozialisiert) werden?

Selbsthilfebudgetselbstverwaltung als Sonderhaushalt innerhalb der Selbstverwaltung?

Damit nämlich schafft die Politik Selbstverwaltungsinseln innerhalb des neokorporatistischen Systems der Gemeinsamen Selbstverwaltung des bundesdeutschen Gesundheitswesens. Warum? Welche Motive werden hier wirksam?

Das Arrangement dieser Strategie klingt betörend demokratisch: Schließlich seien (was rechtlich objektiv nicht der Fall ist) die Sozialbeiträge quasi das Eigentum der Versicherten: eine kollektive, begrenzt gesteuerte, zweckgebundene Rückerstattungsleistung. Aber können öffentlich-rechtliche Gelder im Modus eines radikal transzendentalen Vertrauensvorschusses (vgl. Glossar) an die Selbsthilfe ohne weitere politische Choreographie zur Verfügung gestellt werden?

Handelt es sich, tiefenpsychologisch (Hirsch, 2017) betrachtet, um eine Variante der Ablasszahlung (Paulus, 1909) als Schuldeingeständnis? Die Kritik an der fehlenden Patientenorientierung des bundesdeutschen Ge-

40 https://www.vdek.com/vertragspartner/Selbsthilfe.html; Tag des Zugriffs: 30. Dezember 2019.

sundheitswesens wird aufgekauft, bekommt eine Abfindung (ein Almosen als problematische Variation der Gabe[41] [Schulz-Nieswandt, 2014b]: Grund, 2015; Trenkwalder-Egger, 2015; Sahle, 1987), damit die problematische Allokationsbilanz[42] der Über-, Unter- und Fehlversorgung so weitergehen kann wie bislang?

Delegation der Mittelverteilung als Teil des Sonderhaushaltes innerhalb der Selbstverwaltung?

Gehen wir noch einen Schritt weiter: Soll die Selbstverwaltung dieser angeblichen Eigentumstitel der organisierten Selbsthilfe wirklich der Selbsthilfe selbst überlassen werden? Will die Politik wirklich Sonderhaushalte innerhalb des Sozialversicherungswesens schaffen? Oder soll die Mittelverteilung gar einem Träger der „organisierten Nächstenliebe" der (Selbsthilfe-affinen?) „freien Wohlfahrtspflege" (Hummel & Timm, 2020; Messan, 2019; Schulz-Nieswandt, 2018f) übertragen werden?

---

41 Dies meint die Bereitschaft in der Offenheit zum Mitmenschen, bedarfsorientiert Ressourcen zu schenken. Die Kategorie der Gabe wird traditionsreich in vielen Disziplinen (Anthropologie, Theologie und Religionswissenschaft, Philosophie, Rechtswissenschaft, Soziologie, Psychologie, Sozialökonomik, Kulturgeschichte) theoretisch anspruchsvoll und mit vielerlei empirischem Material erforscht. Die Gabe zählt als Universalie zum Kern der kulturellen Grammatik des gesellschaftlichen Zusammenlebens. Die Motive (Altruismus und Empathie) können eher unterschiedlich sein und auch auf tiefenpsychologische Dimensionen verweisen. Es gibt auch „schmutzige" Gaben (zumindest ambivalente Motive, wie die Forschung zum „Tafeln" zeigen kann) aus dem Motiv des Machtwillens mit Absicht auf Allianzen oder Beherrschung des Mitmenschen als Empfänger der Gabe (Klientelismus und Euergetismus), aus dem Motiv der Demütigung, der Korruption usw. Aus der Gabe entstehen soziale Bindungen und dynamische Systeme von Geben und Nehmen; von Gabe und Gegengabe. Es gibt auch Phänomene der sozialen Pathologie der Gabe (bis zur Selbstzerstörung) (vgl. Phänomen destruktiver Gabezyklen wie den Potlatch). Obwohl es um soziale Austauschbeziehungen geht, sind die Prozesse der Gabe und Gegengabe nicht rein ökonomischer Natur, sondern es sind komplexe „totale soziale Tatsachen" mit politischen, religiösen, ethischen und rechtlichen Bedeutungsdimensionen.

42 Allokation meint die Aufteilung freier Ressourcen auf gegebene Verwendungszwecke im wirtschaftlichen Leistungsgeschehen. Allokation ist die zentrale Kategorie der Ökonomie. Bezeichnet wird das Problem der optimalen Zuteilung von Ressourcen (aus dem Wachstum des Sozialprodukts heraus) auf gegebene Verwendungszwecke. Hieran knüpft die ebenso zentrale Idee der Effizienz im volkswirtschaftlichen Sinne.

Wird damit eine zweite Ebene der Delegation öffentlicher Aufgaben (an Dritte, die in den Quasi-Markt der wettbewerblich orientierten Anbieterlandschaft im SGB-V-Feld eingebunden sind) innerhalb der ersten Ebene deutschstaatsrechtlicher, aber auch europarechtlich kompatibler Tradition (Schulz-Nieswandt, 2014a[43]) der Delegation staatlicher Aufgaben an nicht staatliche, hier staatsmittelbare Selbstverwaltungen von Körperschaften des öffentlichen Rechts, geschaffen?

Welchen Mantel der Unschuld, der „Ich habe damit dann nichts (mehr) zu tun"-Haltung hängt sich die Politik damit um?

Werden Selbsthilfeaktivitäten somit im Sinne des SGB V „ermächtigt" zur Leistungserstellung auf der Basis einer Pauschalfinanzierung? Wie steht es sodann um eine Zertifizierung als Instrument der Qualitätssicherung? Werden sich solche Fragen nicht stellen?

Es gäbe aber auch hier eine Begründbarkeit. So inkompatibel wäre eine zweite Ebene der Delegation nicht. Denn nach der deutschrechtlichen, europarechtlich kompatiblen Tradition der Nicht-Identität von Gewährleistung und Sicherstellung ist es im SGB-V-Feld die gängige Praxis, die leistungsrechtlich definierte Leistungserstellung vertragsrechtlich an zulassungsrechtlich definierte und ordnungsrechtlich regulierte Dritte (Vertragsärzte, Vertragskrankenhäuser etc.) zu delegieren.

Zur Rolle der Einzelkassen als Akteure kommunaler Daseinsvorsorge?

Welche Spielräume hätten Einzelkassen noch in der Selbsthilfeförderung (u. a. Schulz-Nieswandt, 2018c, 2019a, 2019b, 2019c, 2019d, 2020c)? Zu betonen ist, dass die Sozialversicherungen (SGB V, SGB XI) engagierte Partner der Daseinsvorsorge der Kommunen sein sollen. Diese Rolle gilt gerade auch mit Blick auf institutionelle Strukturen der Sozialraumbildung und -entwicklung (wie z. B. der Pflegestützpunkte des § 7c SGB V, aber eben auch der Kontaktstellen des § 20h SGB V und des § 45d SGB XI) für kommunale Trägerschaften bei gleichzeitiger Mitfinanzierung durch das SGB V und das SGB XI. Vor diesem Hintergrund spielen auch die Landesrahmenvereinbarungen eine konstitutive Rolle.

Diese Perspektive steht im Widerspruch einerseits zu der Zentralisierung des Kassenwesens auf der Bundesebene und andererseits zu der Dominanz einer Mittelverteilung kassenübergreifender Pauschalbudgetförderung durch eine zentralisierte Instanz.

43 Aufbauend auf Vorstudien: Schulz-Nieswandt, 2011b, 2011c, 2012a, 2013b.

Eine andere Perspektive bildet sich hierbei noch heraus: Die Selbstverwaltung der GKV als Einzelkasse – jenseits der Mitwirkung der Selbsthilfe als Teil der „Dritten Säule“ (Schulz-Nieswandt u. a., 2018) im G-BA (und auf der Landesebene der ambulanten Niederlassungsplanung) – könnte ja mit Blick auf die Sozialraumpolitik von der Selbsthilfe stärker mitbestimmt werden.

Die Okkupation der Selbstverwaltung durch die Sozialpartner der Arbeitsmärkte war ja dogmengeschichtlich immer schon strittig, zumal es volkswirtschaftstheoretisch gesehen eigentlich keine echten Arbeitgeberbeiträge gibt, da sie implizite Bestandteile der Lohnpolitik der Gewerkschaften sind. Wäre das nicht die wirkliche Demokratisierung des Gesundheitswesens: allokationspolitische Selbstverwaltung der Versicherten? Man könnte die Sozialversicherungen nach dem bundesdeutschen Genossenschaftsgesetz (GenG) organisieren: Die Kassen stellen die manageriale Geschäftsführung, die Versicherten sind die Mitgliederversammlung (genossenschaftliches Identitätsprinzip von Eigentümerschaft und Kundenschaft), die Selbsthilfe ist im Aufsichtsrat vertreten (Picker, 2019).

Anhang

Anhang 1: Ein Beispiel: das digitale App-Projekt „MAM[MUT]“

„Die AOK PLUS für Sachsen & Thüringen sowie die KISS Landkreis Görlitz haben es sich – in Zusammenarbeit mit der KISS Landkreis Bautzen sowie der KISS Aue – zur Aufgabe gemacht, der Selbsthilfe einen modernen Anstrich zu verpassen. Und die Farbe dafür liefert die neue App MAM[MUT]. Hier können Selbsthilfegruppen oder Interessierte nach Gleichgesinnten suchen, die neuesten News aus der Selbsthilfe erfahren, ein eigenes Gesundheits-Tagebuch führen und mit vielen Community-Funktionen Erfahrungen austauschen. ‚Wir schaffen damit eine Mischung aus Facebook und WhatsApp für alle Selbsthilfeinteressierten. Hierbei garantieren wir Datensicherheit und einen geschützten Austausch unter den Nutzern‘, so der Projektleiter Robert Seidel. MAM[MUT] ist im Google Play Store für Android-Geräte und im Apple Store für IOS-Geräte. [...] Dank der App ‚MAM[MUT]‘ stellen wir allen Selbsthilfeinteressierten ein modernes und zeitgemäßes Medium zur Verfügung, das unabhängig von Zeit und Ort schnelle Informationen, Kontaktvermittlungen und den gegenseitigen Austausch ermöglicht, mit der Option der Anonymität des Nutzers. [...] Selbsthilfeinteressierte und/oder Menschen mit Behinderungen, die den geschützten Austausch mit Gleichgesinnten suchen, schnell die Vermittlung zu einer Selbsthilfekontaktstelle oder anderen Notfallkontakten wünschen, sich über regelmäßige Neuigkeiten der Selbsthilfe in Sachsen informieren möchten, selbst Erfahrungen in Form von Text, Bildern, Videos oder Audiodateien teilen wollen, ein digitales Selbsthilfetagebuch, den Medikamentenplaner oder Kalender nutzen möchten.

Unabhängig von Standort, lokalem Verkehrsnetz oder persönlicher Immobilität können Informations- sowie Kommunikationsoptionen für Selbsthilfeinteressierte jederzeit und überall abgerufen werden. Zudem ist die APP kostenfrei in ihrer Nutzung. Ein weiterer wichtiger Fakt, der unter Einbezug der Zielgruppe hohe Relevanz besitzt, ist die (mögliche) Anonymität und Datensicherheit bei der digitalen Interaktion. Dies senkt die Hemmschwelle der Nutzer signifikant, sodass speziell im Bereich der Selbsthilfe bzw. der Erstkontaktaufnahme bei einer (seelischen) Erkrankung den Betroffenen eine wirkungsvolle Methode zur Verfügung gestellt wird.

Inhalt und Aufbau der App MAM[MUT] – Selbsthilfe in Sachsen

1. Austausch zwischen Selbsthilfeinteressierten: Kommunikationsmöglichkeiten in einem geschützten Rahmen ohne kommerzielle Nutzung der Daten als datenschutzfreundliche Alternative zu WhatsApp und Facebook.

2. Selbsthilfegruppen-Suche sachsenweit: Suchfunktion und direkte Weiterleitung zur passenden Selbsthilfekontaktstelle inklusive sofortiger Kontaktmöglichkeit.

3. Selbstverwaltung: Tool zur selbstständigen Führung eines digitalen Tagebuches inkl. Medikamentenplan, Kalender, Stimmungsverfolger und mehr.

4. Aktuelle News aus der Selbsthilfe: jede Selbsthilfekontaktstelle hat die Möglichkeit, über ein leicht zu bedienendes Portal Neuigkeiten, Veranstaltungen oder Gruppenanfragen zu veröffentlichen.

5. Offene Plattform für Selbsthilfeinteressierte in Anlehnung an soziale Netzwerke wie Facebook. Nutzer können innerhalb einer öffentlichen Pinnwand Beiträge, Videos, Bilder oder Audiodaten/Podcasts hochladen – alle Inhalte werden vor Veröffentlichung durch den Projektleiter geprüft und freigegeben.

6. SOS-Kontakte: sofortige Weiterleitung zu Notdiensten, dem Seelsorgetelefon, einem ‚Kummer-Chat‘ oder der regionalen Selbsthilfekontaktstelle.“

Quelle: AOK PLUS, angepasste (gekürzte und veränderte) Textversion.

Anhang 2: Die ursprüngliche Antragsskizze zur Expertise mit Ergebniskommentar

Das Thema hat zwei Seiten: Einerseits ist es völkerrechtlich zwingend, die Teilhabechancen von Menschen besonderer Vulnerabilität[44] auf dem jeweils höchsten technologischen Niveau zu fördern. Durch die europäische und nationale Vertragsteilnahme Deutschlands an den UN-Konventionen ist dieses Gebot sogar grundrechtlich fundiert und prägt das Sozialrecht in Deutschland.

- Kommentar: Diese Sicht hat sich mit Evidenz bestätigt.

Andererseits: Im Zentrum der ethischen und rechtlichen Diskussionen stehen – infolge der Nutzungsrisiken der neuen, digitalen Technologien – der Schutz der Persönlichkeit (vor dem Hintergrund des hohen Guts der Privatheit in einer rechtsstaatlich geordneten, liberalen Gesellschaft) und, damit eng als Risikofaktor verbunden, die datenschutzrechtlichen Probleme.

- Kommentar: Das ist eher Mainstream in der gesamten Digitalisierungsdebatte. Auch die Digitalisierung der Selbsthilfeaktivitäten hat das Datenschutzverordnungsregime zu beachten.

Diese Fundamentalaspekte dürften allerdings nicht das Thema erschöpfen.

- Kommentar: Ja, dies hat sich als zutreffend erwiesen. Die Analyse hat einige Dimensionen und Aspekte aufgegriffen und andiskutiert, die in der Antragsskizze der Expertise nicht artikuliert worden sind.

---

44 Es gehört zur Lehre von der *conditio humana,* dass das endliche Wesen des Menschen unsicher ist (Kontingenz). Aus dem klassischen Mythos (recherchieren Sie einmal über Prometheus, Orpheus und Eurydike, Odysseus) wird bereits deutlich: Der Mensch altert; sein Sein ist ein Sein zum Tode hin (Martin Heidegger); er muss immer schwer arbeiten als Ausdruck seines Sorge-Daseins; er wird krank, gebrechlich, erleidet Verlust und stirbt sodann). Sein Leben(svollzug) ist immer geprägt von Risiken. Er ist gefährdet. Vulnerabilität ist im engeren Sinne ein psychologisches Konstrukt, das gut im Kontext der Wechselwirkung von Person und Umwelt verstanden werden kann (Transaktionalismus). Mit der Analyse der Umwelt öffnet sich das Konstrukt aber auch für die Soziologie und wird auch in rechtlicher Hinsicht (vor allem mit Blick auf Grundrechtsverletzungen; vgl. → Naturrecht der Würde) besprochen. In einem weiteren, anthropologisch orientierten Blick wird es in der philosophischen und theologischen Anthropologie diskutiert und gehört zur Lehre der *conditio humana* und verweist auf ontologische Grundüberlegungen zum menschlichen Dasein. In sozialpolitisch relevanter empirischer Hinsicht zählen Konzepte der Resilienz und der Kohärenz zur Modellierung der Bewältigung von Vulnerabilität. In transindividueller Sicht zählen dazu aber auch Settings wie soziale Selbsthilfegruppen (*social self-help groups*) als Mutualitätsgebilde (*mutual aid groups*).

Zwar werden im Kontext der Digitalisierung weniger solche ethischen Problematisierungen im Vordergrund stehen, wie sie mit Blick auf Robotik[45] oder AAL z. B. in der Pflege- und Gesundheitspolitik diskutiert werden, aber bei einer vertiefenden Sicht kristallisiert sich eine Reihe von Fragen heraus, die in der Expertise zu behandeln sein werden.

- Kommentar: Jedoch sind die nachfolgenden – eher kulturtheoretischen – Aspekte nicht berücksichtigt worden. Die Expertise ist davon ausgegangen, dass die Förderung der Digitalisierung der Selbsthilfeaktivitäten gesellschaftlich gewollt ist, und der Tenor der Argumentation hat sich daher auf die rechtliche Ermöglichung der öffentlichen bzw. öffentlich-rechtlichen Förderung fokussiert.

Mit „nachfolgenden – eher kulturtheoretischen – Aspekte[n]“ war Folgendes gemeint.

Dazu muss geklärt werden, wie die digitale Transformation den Menschen verändert: Was macht die Digitalisierung mit dem Menschen? Dazu liegt eine breite kultursoziologische und -psychologische Diskussion vor, die aufbereitet werden muss, um eine Beurteilungstransferleistung auf den Sektor der Selbsthilfe und ihrer Förderung zu ermöglichen […] über die verschiedenen Ebenen.

- Kommentar: Die Problemdeklination über die verschiedenen Ebenen der Selbsthilfe hinweg ist in die Analyse strukturbildend eingegangen.

In der medienwissenschaftlichen, auch mediengeschichtlichen Literatur wird (als Variation des sog. Riepl'schen Gesetzes) nach Substitutionseffekten bisheriger Kommunikationsformen durch die Digitalisierung gefragt. Kommt es zu weitgehenden Verdrängungseffekten oder zu partiellen, sodass sich (z. B. auf Selbsthilfegruppenebene) Parallelstrukturen (eben nicht nur im Bereich seltener chronischer Erkrankungen) herausbilden?

- Kommentar: Die Entwicklung der Digitalisierung der Selbsthilfe schließt nicht aus, dass sich in dem weiten und heterogenen Feld der Selbsthilfe auf den verschiedenen Ebenen gleichzeitig alle Effekte – Verdrängung *(Crowding-out)* Ersetzung (Substitution), Ergänzung (Komplementarität), parallele Schichtungen (Segmentationen) – beobachten lassen werden.

---

45 Hergesell, Maibaum & Meister, 2020; Müller u. a., 2019; Klein u. a., 2017; Remmers, 2018; Gruen, 2018.

Und wie wären digitale Formen öffentlich-rechtlich im Sozialrecht zu fördern?

- Kommentar: Das wurde die zentrale Problemstellung in der Analyse.

Für die Ebene der Gruppenaktivitäten könnten sich vor allem in tabugeprägten, sensiblen Indikationsbereichen mit hohem Diskriminierungsgrad durch soziale Stigmapraktiken Chancen eröffnen, wenn geschützte digitale Räume gebildet und genutzt würden. In ungeschützten digitalen Räumen könnte es geradezu zum Nachteil geraten.

- Kommentar: Diese Sicht wurde bestätigt.

In der Herausforderung der Befähigung der Selbsthilfe zu digitalen Nutzungspraktiken (diskutierbar als Teil der *health literacy:* vgl. auch Mackert u. a., 2015) liegen aber auch Risiken der Eröffnung neuer sozialer Differenzierungen oder gar Ausgrenzungen (Preiß, 2011; Rudolph, 2019) verborgen.

- Kommentar: dito.

Vor allem stellt sich die Frage, wie sich die Selbsthilfeorganisation verändern, wenn ihr Wissens- und Kompetenzarchiv vom *homo digitalis* im Cyberspace konsumiert wird. Die soziologische Kontroverse um neue Formen der Individualisierung der Lebensstile könnte im Zuge des Generationenwandels bedeutsam sein für das Verständnis des Wandels der Selbsthilfeaktivitäten der Menschen. Das gilt etwa für die Folgenabschätzung auf der Ebene der Gegenseitigkeitshilfegebilde. Hier wird aber auch die These der Transformation zu digitalisierten Dienstleistungszentren zu diskutieren sein.

- Kommentar: Ja, gerade mit Blick auf die internetgestützten Dienstleistungsserviceangebote der Selbsthilfeorganisationen wird die passive Individualisierung eines *homo consumens* gefördert. Das kann das Potenzial der Gegenseitigkeitshilfe erodieren. Es kann aber auch interessierte (jüngere, technikaffine) Menschen attrahieren. Andere digitale Formate der Foren und Chaträume können mit Blick auf den Generationenwandel eine Virtualisierung der Selbsthilfe generieren, die aber ebenso real ist wie die (klassische) physische Leiblichkeitsbegegnung des *Face-to-Face*-Dialoges.

Daraus könnten sich sozialrechtliche Neuordnungsfragen ergeben.

- Kommentar: Ja, daher wurden Fragen der Förderung solcher Dienstleistungen unter dem Blickwinkel des sozialen Nutzens solcher öffentlich zugänglichen Dienstleistungen andiskutiert.

Aber auch die Arbeitsprofile der regionalen Kontakt- und Informationsstellen in der Selbsthilfeförderung als Sozialraumbildung werden unter der Prägung der digitalen Transformation einem Veränderungsdruck unterliegen. Eine Klärung der damit verbundenen sozialpolitischen Fragen zieht sodann ebenfalls sozialrechtliche Ordnungsfragen nach sich.

- Kommentar: Ja, das wurde ebenso angesprochen. Kritisch wurde aber auch vermerkt, dass die Realität der Praxis der Kontaktstellen in der Szene nicht hinterfragt wird. Es fehlt oftmals an Nachfragen zur integrierten Sozialraumentwicklung im Lichte der Kommunalisierung der Daseinsvorsorge unter dem Aspekt von Parallelstrukturen, Angebotsredundanzen, Profilschärfung, Neutralitätsfragen in der trägerschaftlichen Aufhängung etc.

Anhang 3: Zusammenfassung der Konsortialstudie (Bremmer u. a., 2020)

Ziele: Der digitale Wandel und die Digitalisierung im Gesundheitswesen sind für viele Aktive in der organisierten Selbsthilfe mit Möglichkeiten und Chancen, aber auch mit Herausforderungen und ggf. Risiken verbunden. Einrichtungen der Selbsthilfeunterstützung (SHU) sollen und wollen ihrer Beratungs- und Vermittlungsfunktion auch im digitalen Zeitalter gerecht werden.

Eine bundesweite Befragung der SHU zeigt, welche digitalen Medien und Tools gegenwärtig in diesem Bereich eingesetzt werden und wie die Aktiven die aktuelle Situation einschätzen. Über die Befragung können auch die Unterstützungs- und Qualifizierungsbedürfnisse der Mitarbeiter der SHU dargestellt werden.

Methodik: Die bundesweite Online-Umfrage der SHU erfolgte vom 7. Januar bis 31. Januar 2020. Der Fragebogen bestand aus sechs Themenbereichen mit insgesamt 50 Hauptfragen, untergliedert in 163 Items, die in 25 bis 35 Minuten beantwortet werden konnten. Es wurden 294 Fragebögeneinladungen per E-Mail an die SHU verschickt; nach zwei Erinnerungsschreiben konnten 141 Fragebögen in die Auswertung einbezogen werden (48 %), 131 Fragebögen (45 %) waren bis zum Ende ausgefüllt.

Ergebnisse: Nahezu alle der befragten SHU betreiben eine Homepage (97 %). Von der Mehrheit der Befragten werden bereits Tools zur Terminkoordination (77 %), Intranetanwendungen (62 %), Facebook (52 %) und Online-Newsletter (51 %) genutzt. Weitere digitale Medien und Tools werden aktuell weniger oder eher vereinzelt verwendet. Um die Digitalisierungsprozesse der SHU weiterzuentwickeln, werden seitens der Mitarbeiter umfangreiche Unterstützungs- und Weiterbildungsbedürfnisse aufgezeigt. Trotz Herausforderungen und Grenzen in der Anwendung sowie personeller, zeitlicher und finanzieller Aufwände werden Potenziale benannt und die Digitalisierung wird insgesamt positiv bewertet.

Schlussfolgerung: Es zeigt sich, dass bei der Ausgestaltung der Digitalisierungsprozesse der SHU bereits ein Anfang gemacht ist und zugleich noch viele Potenziale bestehen. Bei entsprechender Berücksichtigung der aufgezeigten Bedürfnisse können digitale Medien und Tools die Arbeit der SHU sinnvoll ergänzen.

Ergänzendes Glossar

Altruismus:

Im eigenen Handeln ein Interesse am Wohlergehen des Mitmenschen einbauen. Altruismus bezeichnet als Teil der gesellschaftlichen Moralökonomik das soziale Phänomen, dass sich ein Gesellschaftsmitglied (Ego) in seinem Wohlbefinden (Wohlstand, Nutzenniveau) nur besserstellen kann, wenn sich durch sein Handeln zugleich Dritte (Alter Ego) ebenso besserstellen. Es liegt dann eine positive Externalität vor. Die Selbstaufopferung im Sinne der absoluten Selbstlosigkeit ist nur ein Grenzfall dieser Figuration. Vielmehr handelt es sich um eine Sorgebeziehung, die auf unterschiedlichen Motiven (Liebe, Pflicht, Respekt, Solidarität, Gerechtigkeit etc.) beruhen kann: Es geht um das gelingende soziale Miteinander. Basis ist u. U. die Empathie. Altruismus ist eine konstitutive Dimension der Personalität und des Habitus der menschlichen Person. Altruismus stellt eine Form von *moral externalities* (im Sinne von Externalität angesichts des Sittengesetzes nach Kant) dar und ist für die paretianische (vgl. Pareto-Rawls-Lösungen) Wohlfahrtsökonomie von Bedeutung. Aus liberaler Sicht (des normativen Individualismus) sind nur freiwillige Formen als rationaler Altruismus zulässig, etwa als Transferzahlung der Reichen (R) an die Armen (A): $|\partial U_R/\partial Y_R| \leq \partial U_R/\partial U_A$. Dies setzt die Interdependenz der Nutzenfunktionen $U_{R,A}$ voraus: $U_R = U_R\ (Y_R; U_A)$.

Empathie:

Genetisch (von Natur aus) mögliche, sodann aber erst noch (Kultur) sozial erlernbare Fähigkeit zum Einfühlen in die Erfahrungswelt des Mitmenschen. Empathie ist eine insbesondere in der psychodynamischen Bindungsforschung fundiert erforschte Fähigkeit des Einfühlens durch Sinn-Verstehen fremden Ausdrucksverhaltens (Hermeneutik) und stellt durch Übergang zum Mitleiden die Grundlage für prosoziales Handeln dar. Empathie kann der Mensch auf der Grundlage der (neurowissenschaftlich erforschten komplexen) Spiegelneuronen im Zuge seiner primären Sozialisation (vor allem schon der frühen formativen Jahre) erwerben. Es handelt sich also um ein Wechselspiel von Natur (Biologie) und Kultur (Vergesellschaftung) und verweist auf das Phänomen der Aktualgenese. Empathie ist insofern auch die Voraussetzung für das Erlernen der Moral (Sittengesetz) und das Werden der Person.

Externalität:

Handeln zum Zwecke der eigenen Besserstellung auf Kosten Dritter. Externalität meint eine direkte Interdependenz der Nutzenfunktionen verschiedener Gesellschaftsmitglieder, die als verkettet (*Social-connectedness*-Theorem) sind zu verstehen sind. Das Handeln eines Individuums verändert demnach nicht nur die eigene Situation, sondern zugleich auch die Situation Dritter (*Spillover*-Effekt). Das Phänomen wirft die normative Frage auf, wie das Problem zu verwerten und wie mit dieser Interdependenz umzugehen ist. Das in der Wohlfahrtsökonomie (vgl. Wohlfahrtsökonomik und Pareto-Rawls-Lösungen) verbreitete Pareto-Prinzip besagt, eine Wohlfahrtsveränderung sei dahingehend durch Aufteilung zusätzlicher Ressourcen (etwa resultierend aus dem Sozialproduktwachstum) zu verwirklichen, dass sich zumindest eine Person (oder eine soziale Gruppe) verbessert, ohne dass dadurch eine andere Person (oder soziale Gruppe) schlechtergestellt wird (Sittengesetz nach Kant):

$$\partial SW/\partial U_i \geq 0 \text{ für alle i.}$$

Die Wohlfahrtsfunktionen der Personen/sozialen Gruppen sind also interdependent. Externe Effekte sind direkte Interdependenzen der Nutzenfunktionen. Sie können positiv (Altruismus) oder negativ sein (Generierung sozialer Kosten bei Dritten: negative Externalität). Negative Externalitäten drücken sich dann in dieser Wohlfahrtsinterdependenz dergestalt aus, dass sich gerade eine Person/soziale Gruppe dadurch ursächlich (kausal) in der Wohlfahrtsposition verbessert, dass andere Personen/soziale Gruppen schlechtergestellt werden. Ich unterscheide also $SW(i - j)$ und $SW(j)$: Negative Externalitäten liegen vor, wenn $\partial\, SW(i - j) \geq 0$ und $\partial SW(j) < 0$. Es gilt also, dass $\partial SW/\partial U < 0$ ist für die Teilgruppe j; für den Rest (Mehrheit: $i - j$) mag dagegen gelten: $\partial SW/\partial U \geq 0$. Alle rawlsianischen Lösungen sind Teilmengen von Pareto-Lösungen, aber nicht alle Pareto-Lösungen sind Rawls-Lösungen.

Figuration:

Soziologische Kategorie einer Theorie, wonach der Mensch nie isoliert aus sich selbst heraus zu begreifen ist (Atomismus), sondern nur aus seinen (sozialen) Relationen (Beziehungen), die er zu anderen Menschen (Gruppen) eingeht. Figurationen (Verkettungen und Aufstellungsordnungen) sind (vgl. etwas recherchierend die Soziologie von Norbert Elias) dynamische Ordnungen der Verkettung der Gesellschaftsmitglieder. Zu unterscheiden sind in der Theorie des Sozialkapitals *strong ties* (z. B. Liebe in der Familie) und *weak ties* (z. B. strategische Allianzen). Bezugsgruppentheorien in der Sozialpsychologie und auch Theorien intertemporaler Vergleichspunkte (früher/heute) in der Einschätzung des eigenen Wohlergehens sind hier einzuordnen. Menschen sind daher (vgl. die verstehende Soziologie von Max Weber) nie nur aus ihrer Lage, sondern immer auch aus den relationalen Verhältnissen heraus sinnhaft verstehbar und in der Folge dergestalt ursächlich in ihrem sozialen Handeln zu erklären.

Habitus:

Jeder Mensch hat herkunftsspezifisch im Zuge seines Aufwachsens ein Strickmuster, nach dem er „tickt". Es ist ein innerer Arbeitsapparat, aus dem jeweils typische Verhaltensmuster generiert werden. Habitus (altgriechisch: hexis) meint Haltung und verweist auf die ältere Lehre vom Sozialcharakter (u. a. in der personalistischen Strukturpsychologie sowie in den Modellen intraindividueller Arbeitsapparate der psychoanalytischen Schulen). Vor allem in der Tradition der Soziologie von Pierre Bourdieu (1930–2002) meint Habitus ein System tief im Individuum abgelagerter, inkorporierter Dispositionen des vergesellschafteten Subjekts, aus dem spezifische soziale Praktiken (Handlungsmuster, Deutungsmuster etc.) generiert werden. Als Habitushermeneutik spielt das Konzept vor allem in qualitativen Sozialforschungen zur Logik der Professionen in verschiedenen Teilfeldern des Gesundheits-, Pflege- sowie Sozial- und Bildungswesens eine bedeutende Rolle. Bei genauerer Betrachtung verbindet sich die Habitusforschung mit dem Post-Strukturalismus von Michel Foucault, der gesellschaftliche Dispositive erforscht, die sich als gouvernementale Ordnungen in das Subjekt einschreiben (Inskription). Dadurch verläuft die gesellschaftliche Dynamik über die Vergesellschaftung des Subjekts, das nicht (wie in verschiedenen Varianten des methodologischen Individualismus) autonom am Anfang und exogener Ausgangspunkt der Erklärung von Gesellschaft, sondern endogener Teil ist. Gouvernementalität ist eine Kategorie einer Forschung, die danach fragt, wie Menschen von der Dispositivordnung regiert werden. Dispositivordnungen sind Komplexe von Denkweisen, Diskursen, Institutionen, sozialen Praktiken usw. einer Epoche, die die Menschen im Sinne von Subjektivierungsformen systemfunktional machen.

Kohärenz:

Gemeint ist das das Wohlerleben/Wohlergehen prägende Gefühl, die Welt dergestalt zu erleben, dass sie sinnhaft/sinnvoll, verstehbar und handzuhaben/gestaltbar ist. Ähnlich wie das Konstrukt der Resilienz gehört die Kohärenz zu einer wichtigen Ressource der Lebenslage. Das Kohärenzgefühl *(sense of coherence)* ist eine wichtige Bewältigungsressource in Bezug auf die Entwicklungsaufgaben im Lebenslauf und eine Determinante von Wohlbefinden und Lebensqualität. Das Gefühl der Kohärenz umfasst drei zentrale Dimensionen: Die Welt ist dann also sinnhaft, sie ist verstehbar und sie ist handhabbar. Sind die Messwerte der Skala für das Kohärenzgefühl niedrig, so kristallisiert sich im personalen Erfahrungserlebnisgeschehen des Menschen in Interaktion mit seiner Umwelt ein Ohnmachtsgefühl von durchaus psychosomatischer Bedeutung heraus. Ob die Kohärenz im Rahmen des *Capability*-Ansatzes gefördert werden kann, ist insofern umstritten, als der Begründer der Salutogenese, Aaron Antonovsky (1923–1994), die Herausbildung des Kohärenzgefühls mit dem dritten Lebensjahrzehnt als abgeschlossen ansieht. Was oft nicht in der Textrezeption von Antonovsky angemessen gewürdigt wird, ist der Befund, dass der salutogenetische Ansatz nicht nur auf dieses intrapersonale Konstrukt des Kohärenzgefühls abstellt, sondern auch auf die *Social-support*-Bedeutung sozialer Netzwerke. Damit integriert sich das Konzept in komplexere sozialepidemiologische Modelle von Stress und Stressbewältigung im Lichte lebenslauforientierter Lebenslagenforschung, auf die die Sozialpolitik abstellt.

Moralökonomik:

Hier wird nach dem Potenzial prosozialer handlungsrelevanter Normen und Werte sowie Wahrnehmungs- und Deutungsmuster gefragt, die unser soziales Zusammenleben motivieren, leiten, strukturieren und daher soziale Folgen mit Blick auf Inklusion/Exklusion, Diskriminierung, Ungleichheit etc. oder eben auch Liebe und Solidarität generieren. Unter Moralökonomik *(moral economy)* wird eine Ökonomik der Ressourcenallokation zugunsten solidarischer Unterstützungssysteme bedarfsdeckungswirtschaftlicher Art verstanden, die sich wiederum aus verschiedenen Motiven (Altruismus, Empathie, Gabe, Reziprozität) heraus verstehen lässt. Diese Dimension auch moderner Gesellschaften ist wichtig, um die Totalität der sozialen Wohlfahrtsproduktion zu thematisieren. Moralökonomische Zusammenhänge gehören zur kulturellen Grammatik von Caring Communities.

Pareto-Rawls-Lösungen der Maximierung sozialer Wohlfahrt:

Warum sollte sich eine Gesellschaft verändern? Was sind Kriterien zur Entscheidung zugunsten eines gewählten Weges der Veränderung? Wann und wie stellt sich die Gesellschaft besser? Es darf/dürfen sich (diskutiert in der Wohlfahrtsökonomik) gemäß Sittengesetz durch die Veränderung kein(e) Gesellschaftsmitglied(er) ursächlich schlechterstellen, wenn sich ein anderes Mitglied oder andere Mitglieder der Gesellschaft in ihrem Nutzenniveau verbessern. Oder: Ein Individuum darf sich solange verbessern, wie dadurch ursächlich kein anderes Individuum schlechtergestellt wird. Besser wäre ein Sog-Effekt: Alle stellen sich gleichzeitig (nicht unbedingt auch in gleicher Weise) besser. Um im sozialökonomischen Zusammenspiel der Gesellschaftsmitglieder das Problem der normativ akzeptablen Maximierung sozialer Wohlfahrt (vgl. Wohlfahrtsökonomik) als Allokation von Ressourcen zu lösen, bedarf es Kriterien der Aggregation. Nach Vilfredo Pareto (1848–1923) können sich Individuen also legitimerweise nur solange in ihrer nutzenmaximierenden Wohlfahrtsentwicklung verbessern, solange sie dadurch ursächlich nicht andere Gesellschaftsmitglieder schlechterstellen (im Sinne des Sittengesetzes nach Kant). Bei John Rawls (1921–2002) werden faire Win-win-Lösungen präferiert. Beim ersten Typ der Maximierung der sozialen Wohlfahrt SW für alle Gesellschaftsmitglieder $i = 1 \ldots n$ mit den jeweiligen Nutzenfunktionen U_i handelt es sich um eine Pareto-Lösung; beim zweiten Typ handelt es sich um eine rawlsianische Lösung, die allerdings eine Teilgruppe aller möglichen Pareto-Lösungen darstellt: Die Pareto-Lösung lautet

$$\partial SW / \partial U_i \geq 0 \text{ für alle } i$$

und die Rawls-Lösung lautet

$$\partial SW / \partial U_i > 0 \text{ für alle } i.$$

Allerdings übergeht das Pareto-Prinzip das Fairness-Problem der wachsenden relativen Ungleichheit (Theorem der relativen Deprivation). Aus sozialpsychologischer Sicht verletzt die Besserstellung der ohnehin Bessergestellten bei Konstanz (nicht Absenkung!) des Wohlstandsniveaus der Schlechtergestellten das Gebot sozialer Fairness. Dies wäre der Fall, wenn mit Blick auf U_A und U_B gilt: $\alpha > \beta$ und $\beta \neq 0$, vorausgesetzt, dass von der Optimierungsgröße $(U^*_A - U_A)^\alpha (U^*_B - U_B)^\beta$ ausgegangen wird, wenn also β nicht größer als 0 ist. Eine Win-win-Situation setzt dagegen voraus: $\alpha > 0$ und $\beta > 0$; möglich aber ist, dass $\alpha \neq \beta$ ist. Eine Alternative wären Lösungen entsprechend der Rechtsphilosophie von John Rawls (1921–2002): Rawls-Lösungen (Rl) sind immer Teilmengen der Pareto-Lösungen (Pl), aber nicht alle Pareto-Lösungen sind auch Rawls-Lösungen: Alle Rl sind Pl, aber nicht alle Pl sind Rl. Anders ausgedrückt: Rawls präferiert Win-win-Situationen, in denen auch der Schlechtergestellte in den Sog des sozialen und/oder wirtschaftlichen Fortschritts kommt. Dies entspricht auch dem Denken der sozialen Marktwirtschaft des europäischen Verfassungsvertragsrechts.

Resilienz:

Das Leben entlang der kalendarischen Zeitachse ist eine einzige Abfolge von Entwicklungsaufgaben der sorgenden Daseinsführung, an denen der Mensch mangels Ressourcen scheitern kann. Eine Ressource ist die Resilienz als seelische Widerstandskraft. Im Alltag sagt man: Nicht unterkriegen lassen! Kopf über Wasser halten! Nicht untergehen! Einmal mehr aufstehen, als man gefallen ist! Nicht in die enge Ausweglosigkeit drängen lassen! Resilienz bezeichnet in der Sozialpsychologie (z. B. in der Copingtheorie kritischer Lebensereignisse oder von Entwicklungsaufgaben in Statuspassagen) einen Ansatz zur Analyse der Bedeutung von psychischer Widerstandskraft im Lebenszyklus zur Förderung und Stabilisierung von Wohlbefinden, Lebenszufriedenheit bzw. Lebensqualität. Es gibt verwandte Konzepte in Bezug auf z. B. Selbstwertgefühl, Selbstbewusstsein, Selbstwirksamkeit usw. Das Konzept der Resilienz verweist uns auf das Theorem des Transaktionalismus. Es gehört zur Modellierung der Rolle von personengebundenen Kompetenzen im Lebenslagenverständnis im Sinne des *Capability*-Ansatzes.

Reziprozität:
Das Leben ist – so bekanntlich die Lebensweisheit – ein Geben und Nehmen, dies in vielerlei Hinsicht. Dieses System des gegenseitigen, wechselseitigen, nicht nur dyadischen, sondern komplexen Austausches folgt der Regel der Reziprozität von (bedingter, begrenzt unbedingter) Gabe und (freiwilliger oder obligatorischer) Gegengabe. Es handelt sich um Netzwerkbildung – bestimmten Haltungen und Motiven, bestimmten Situationen, Kontexten und Anlässen folgend, unterschiedliche Ressourcen einbringend, zeitnah oder auch zeitversetzt arbeitend; eine materielle, aber auch symbolische Sorgekultur, vielfach sinnhaft mehr als ein kalkulatorisches ökonomisches Risikomanagement. Reziprozität ist eine zentrale Kategorie des Wesensverständnisses der Kultur des Sozialen und basiert auf der Anthropologie der Gabe im Verständnis der Personalität des Menschen. Sie ist netzwerktheoretisch von morphologisch konstitutiver Bedeutung für die Logik der Caring Communities. Reziprozität kann in Netzwerken der *strong ties* und *weak ties* unterschiedliche Formen annehmen (relative Unbedingtheit der Gabe: Geben > Nehmen; Äquivalenzlogik des Tausches: Geben ≈ Nehmen; *Moral-hazard-* bzw. Trittbrettfahrer- Modus: Nehmen ohne Geben). Die „Währung“ von Geben und Nehmen kann homomorph (z. B. Zeit gegen Zeit) oder heteromorph (z. B. Zeit gegen Geld oder Zeit gegen Dankbarkeit) sein. Probleme lang gestreckter Intertemporalität von Gabeakt und Gegengabe liegen in dem Bedarf von Vertrauensvorschuss bzw. in den Transaktionskosten des Risikomanagements.

Raum:
Wir haben in der Regel ein sehr physikalisches (kleine Wohnung, große Wohnung) bzw. geografisches (enges Tal, weites Meer) Raumverständnis.

Das ist auch nicht falsch. Dennoch ist Raum nicht nur eine objektive Größe, sondern ein im Handeln überhaupt erst erzeugter *Aktivitäts*raum, zum Teil auch nur ein imaginierter Raum bzw. ein Raum virtueller Art. Letztendlich ist er ein Netzwerk von Menschen in der geistigen, seelischen und körperlichen Bewegung. Der Raumbegriff mag für den Alltagsmenschen einfach sein; angesichts der Theorie, das Weltall sei gekrümmt, aber unendlich, zweifelt man aber an seinem eigenen Verstand. Denn die Krümmung müsse ja irgendwann in der Kreisbildung zum Ende kommen. Raum ist auch wohl nicht unabhängig vom Geschehen von Ereignissen, denn dann gibt es ein Davor und ein Danach. Das Dahinter ist die räumliche Transformation des zeitlichen Danach. Der Raum resultiert aus einer Anordnung von Elementen in einem Zueinander. Deshalb gibt es ein Zentrum (die Mitte), den Rand, ein Da-Zwischen und eben auch ein Da-Draußen, eben außerhalb des Raums. So gibt es ein Innen und ein Außen. Die vertikale Sicht auf das Dach und den Boden kommt hinzu. Menschen wohnen und leben im Raum, sind in diesem Raum und über den Raum hinaus mobil, geben dem Raum die Konturen von Statik und Dynamik, von Enge und Weite, Ausdehnung und Schrumpfung durch ihre Aktivitätsmuster. Und es gibt auch die Räume der Imagination, der sozialen Phantasie, des Träumens. Oder auch virtuelle Räume der Digitalisierung. Der Raum ist also gar nicht gegeben. Er wird konstruiert und durch Aktivitäten (der Entscheidung und der Bewegung) erzeugt. Dies ist vergleichbar mit der Sprechakttheorie (Suchen Sie doch im Netz einmal u. a. nach Wittgenstein, Austin, Searle, Leach!): Ein Wort oder ein Satz als die gesprochene Sprache erzeugt soziale Tatsachen – „Nun seid ihr Mann und Frau im Sinne der Ehe!“ – mit einer Fülle wirtschaftlicher, rechtlicher, moralischer, seelischer, körperlichen Folgen höchst realer Art

Sittengesetz:

Tue nichts, von dem du nicht willst, dass man es dir antut! Eine uralte Vorläuferfigur des Sittengesetzes von Kant. Im Alltag: Versetzt dich doch mal in meine Lage, um zu verstehen, was du mir antust! Sieh' es doch mal mit meinen Augen! Du bist ein Narzisst, ein sozialer Autist! Selbstverliebt, unsensibel! Die Fähigkeit zum Perspektivenwechsel ist gefragt. Dann wird Selbstveränderung (Selbsttranszendenz) möglich. Das Sittengesetz in der Tradition von Immanuel Kant (1724–1804) ist psychologisch und soziologisch im Lichte empathiefundierter sozialer Interaktion reformulierbar: Handle so, dass du in die Maxime deines Handelns auch dann noch einwilligen kannst, wenn du dich in die Rolle derer versetzt, die von deinem Handeln betroffen sind (Pareto-Rawls-Lösungen)! Als „Goldene Regel“ ist dieses Sittengesetz als normative Grammatik sozialen Miteinanders und der dialogischen Begegnung im zwischenmenschlichen Bereich in einer archaischen Frühform seit der „Achsenzeit" der hochkulturellen Weltreligionen bekannt. Hintergrund des Sittengesetzes ist der kategorische Imperativ bei Kant: Der Mensch ist immer nur Selbstzweck, nie Mittel zum Zweck im Sinne einer Instrumentalisierung für Dritte.

Transaktionalismus:

Eigentlich ist die Idee einfach: Ein Organismus (auch die menschliche Person) steht in einem wechselseitigen Modus des Austausches mit seiner Umwelt. Der Mensch merkt die Wirkung der Umwelt auf ihn; der Mensch wirkt gestaltend/verändernd auf seine Umwelt ein. So baut sich der Mensch wohnend in die Welt ein. In der die Ökologie begründenden Tradition der theoretischen Biologie von Jakob von Uexküll (1864–1944) stehend, wird die Wechselwirkung von Mensch und Umwelt als Kreislauf von Merkwelt und Wirkwelt begriffen: Der Mensch merkt die Umwelt (z. B. das Wetter); der Mensch wirkt auf die Umwelt ein (baut sich in sie wohnend ein und gestaltet sie z. B. barrierefrei). Dieses Denken hat die allgemeine Gerontologie des Lebenslaufes und insbesondere auch die Ökogerontologie geprägt. Es hatte maßgeblichen Einfluss auf Strömungen der philosophischen Anthropologie. Von hier aus sind auch die sozial- und entwicklungspsychologischen Theorien der Adaptionen (Assimilationsleistungen [Anpassungsveränderungen der Person] und Akkomodationen [Anpassungsveränderungen] der Umwelt]) begründbar. Die daseinsthematische Psychologie und die Lehre von Reaktionsstilen und Daseinstechniken im Lichte des Erfahrungserlebenisgeschehens des Menschen sind entsprechend einzuordnen.

Transaktionskosten:

Ökonomische oder soziale Austauschprozesse sind keine „Free lunch"-Veranstaltungen. Es müssen kostenträchtig (asymmetrische) Information(sverteilung)en gesammelt, (nicht vollständig spezifizierbare) Verträge geschlossen, Risikomanagement aufgebaut, Vertrauen aufgebaut, kommuniziert werden usw. Diese Transaktionskosten können so hoch sein, dass erst gar kein „Geschäft" entsteht. Damit sind die Kosten der Entstehung und Verwirklichung von sozialen (wirtschaftlichen) Austauschprozessen (Transaktionen) mit oder ohne bzw. mit expliziten oder impliziten Verträgen und Vertragsrisikomanagementregimen gemeint. Von Bedeutung sind relevante soziale Externalitäten, unvollständig spezifizierte Verträge, asymmetrische Informationsverteilungen, Grenzen der Mechanismen von Erfahrungsgütern mit Wiederholungskäuferlogik, Probleme meritorischer Güter, Myopieprobleme sowie Probleme von Vertrauens- bzw. Glaubensgütern. Eigentlich setzt die paretianische Wohlfahrtsökonomie demnach Einstimmigkeit voraus: j = 1 … m (als Teilgruppe der Allokationsverlierer der Gesellschaft i = 1 … j … n) = 0. Zu hohe Transaktionskosten können es aber schwierig machen, Entscheidungsfindungsprozesse bis zur Einstimmigkeit zu treiben. Daher besteht das Optimierungsproblem darin, die Konsensfindungskosten und die Präferenzfrustrationskosten (der letztendlich in der Entscheidung nicht berücksichtigten/übergangenen Interessen) gemeinsam zu minimieren. Das Ergebnis bleibt – aus der Perspektive einer Komparatistik institutioneller Designs betrachtet – immer (relativ) unvollkommen.

Vertrauen:

„Vertrauen ist gut, Kontrolle ist besser"!? Vertrauen reduziert Kosten (Transaktionskosten). Doch Vertrauen muss erst aufgebaut werden. Es ist oftmals fraglich, bricht leicht zusammen und lässt sich dann oftmals schwer wieder aufbauen. Vertrauen gilt als Mechanismus zur Reduktion von Unsicherheit als Eigenschaft komplexer Situationen. Vertrauen ist gegenüber transaktionskostenintensiven Formen des Risikomanagements relativ vorzugswürdig, ist aber ebenfalls voraussetzungsvoll: Vertrauen muss als Vertrauenskapital aufgebaut werden, was – analog zur Gabe – einen transzendentalen Vertrauensvorschuss benötigt. Sozialtheoretisch liegt die Henne-Ei-Paradoxie vor: Sozialkapital gibt es als Wohlfahrtsertrag nur aus Netzwerken heraus, deren Genese aber auf Vertrauenskapital basiert, welches wiederum erst auf der Grundlage einer Vorschussgabe durch gelebte Netzwerkbildung möglich ist. Somit hängt alles von der Haltung (Sozialcharakter: Habitus) der Person ab.

Wohlfahrtsökonomik:

Wann verändert sich eine Gesellschaft so, dass sich ihre soziale Wohlfahrt verbessert? Davon handelt die Wohlfahrtsökonomik. Soll sich die Gesellschaft von Zustand S_1 zum Zustand S_2 hin verändern? Gilt $S_{2} > S_1$? Was wären relevante Entscheidungskriterien? Darum geht es hier. Die Wohlfahrtsökonomik als Teil der Volkswirtschaftslehre beschäftigt sich mit der Frage, wie aus dem Zusammenspiel der Mitglieder der Gesellschaft aus der Allokation der Ressourcen eine akzeptable Entwicklung sozialer Wohlfahrt entstehen kann. Dafür benötigt man normative Kriterien zur Aggregation individueller Wohlfahrt zur sozialen Wohlfahrt (Pareto-Rawls-Lösungen). Die Wohlfahrtsökonomik beschäftigt sich mit der Frage der Maximierung der sozialen Wohlfahrt (SW) in Bezug auf die individuellen Nutzenfunktionen U_i aller Gesellschaftsmitglieder i = 1 … n: Die soziale Wohlfahrtsfunktion SWF lautet: SWF = SFW (U_i) → max!

Wohlfahrtspluralismus:

Wenn der Gewährleistungsstaat vor dem strukturellen Hintergrund der Trennung von Gewährleistung und Sicherstellung die Erledigung öffentlich relevanter Aufgaben an (regulierte und/oder öffentlich [mit-]finanzierte) Märkte delegiert, dann stellt sich (im Rahmen einer dualen Theorie der Wirtschaftsordnung) die Frage der (subsidiären) Ordnung der Nutzung (Instrumentalfunktion) öffentlicher, freier und genossenschaftlicher Träger der Gemeinwirtschaft einerseits und der privatwirtschaftlichen Träger der Unternehmungen andererseits. Wie sieht die Rollenverteilung aus? Das angemessene Verständnis von Wohlfahrtspluralismus – hier wirtschaftsordnungstheoretisch über die ressourcentheoretische Welfare-Mix-Idee hinausgehend – ist im Kontext der Theorie der Multi-Sektor-Theorie der Produktion sozialer Wohlfahrtsproduktion vor dem implizierten Hintergrund des Gewährleistungsstaates zu entwickeln. Es geht in sektoraler Hinsicht um die Mischung der Rollen von Staat, Markt und freier Gemeinwirtschaft und damit in einzelwirtschaftlicher Sicht um die Mischung der Rollen von gemeinwirtschaftlichen (in öffentlicher, freigemeinwirtschaftlicher oder genossenschaftlicher Trägerschaft) Unternehmen mit Sachzieldominanz (Deckung des Bedarfs öffentlich relevanter Güter und Dienstleistungen) und erwerbswirtschaftlichen Unternehmen (Formalzieldominanz insbesondere der Profitmaximierung). Die einzelwirtschaftliche Mix-Idee verweist auf die wirtschaftsmorphologische Lehre von der Unternehmenstypenvielfalt in der sozialen Marktwirtschaft, an die Teilströmungen der neueren wirtschafts- und unternehmensethischen Diskussion anknüpfen können.

Literaturverzeichnis

Adelfinger, V. P. & Hänisch, T. (Hrsg.) (2016): eHealth. Wie Smartphones, Apps und Wearables die Gesundheitsversorgung verändern werden. Springer VS, Wiesbaden.

Alisch, M. u. a. (Hrsg.) (2019): Soziale Innovationen: Alter(n) in ländlichen Räumen. Kassel University Press, Kassel.

Alltag, S., Conrad, I. & Riedel-Heller, S. G. (2019): Pflegebelastungen bei älteren Angehörigen von Demenzerkrankten und deren Einfluss auf die Lebensqualität. Eine systematische Literaturübersicht. Zeitschrift für Gerontologie und Geriatrie 52(5): 477-486.

Alter, A. (2019): Unwiderstehlich. Der Aufstieg suchterzeugender Technologien und das Geschäft mit unserer Abhängigkeit. Piper, München.

Arbeitskreis Selbsthilfeförderung der Verbände der Krankenkassen auf Bundesebene (Hrsg.) Wrzeziono, S. und Schulz-Nieswandt, F. (2019): Strukturen, Selbstverständnis und Tätigkeitsspektrum von gesundheitsbezogenen Selbsthilfeorganisationen. vdek, Berlin.

Arnade, S. (2015): Von Inklusion und Empowerment. Zu den Konsequenzen der Behindertenrechtskonvention der Vereinten Nationen für die Selbsthilfe. In: DAG SHG (Hrsg.): Selbsthilfegruppenjahrbuch 2015. DAG SHG, Gießen: 176-182.

Austerer, A. & Radinger, O. (2018): Leben mit chronischer Krankheit. Facultas, Wien.

Ball, R. (2014): Die pausenlose Gesellschaft. Fluch und Segen der digitalen Permanenz. Schattauer, Stuttgart und New York.

Balzer, W. (2020): Das Sensorische und die Gewalt. Zum Seelenleben im digitalen Zeitalter. Psychosozial-Verlag, Gießen.

Baumgartner, K., Kolland, F. & Wanka, A. (2013): Altern im ländlichen Raum. Kohlhammer, Stuttgart.

Bedford-Strohm, J., Höhne, F. & Zeyher-Quattlender, J. (Hrsg.) (2019): Digitaler Strukturwandel der Öffentlichkeit. Interdisziplinäre Perspektiven auf politische Partizipation im Wandel. Nomos, Baden-Baden.

Bennke, J. u. a. (Hrsg.) (2018): Das Mitsein der Medien. Verlag, Fink.

Bergemann, L. & Frewer, A. (Hrsg.) (2019): Autonomie und Vulnerabilität in der Medizin. transcript, Bielefeld.

Besio, C. (2018): Moral und Innovation in Organisationen. Springer VS, Wiesbaden.

BMIBF (Bundesministerium des Innern, für Bau und Heimat) (2019): Unser Plan für Deutschland. Gleichwertige Lebensverhältnisse überall. Berlin.

Borgetto, B. u. a. (2020): Digitalisierung in der gesundheitlichen Selbsthilfe in Deutschland - aktueller Stand und künftige Bedarfe. Literaturanalyse. First Draft. Hochschule für angewandte Wissenschaft und Kunst, Hildesheim, Holzminden und Göttingen.

Born, D. (2014): Vereine als öffentliches Gut. Springer VS, Wiesbaden.

Borucki, I. & Schünemann, W. J. (Hrsg.) (2019): Internet und Staat. Perspektiven auf eine komplizierte Beziehung. Nomos, Baden-Baden.

Bremer, K., Schwinn, S., Borgetto, B., Nickel, S., Kofahl, C. & Dierks, M.-L. (2020): Digitalisierung in der gesundheitlichen Selbsthilfe – Ergebnisse einer Online-Umfrage bei Einrichtungen der Selbsthilfeunterstützung. First Draft. Medizinische Hochschule Hannover, Institut für Epidemiologie, Sozialmedizin und Gesundheitssystemforschung; Universitätsklinikum Hamburg-Eppendorf, Institut für Medizinische Soziologie; Hochschule für angewandte Wissenschaft und Kunst, Hildesheim, Holzminden und Göttingen.

Bridle, J. (2020): New Dark Age. Der Sieg der Technologie und das Ende der Zukunft. 2. Aufl. Beck, München.

Bruder, K.-J. (angekündigt 2020): Digitalisierung. Sirenentöne oder Schlachtruf der kannibalistischen Weltordnung. Westend, Frankfurt am Main.

Bunge, V. (2014): Die rechtliche Gewährleistung der Kommunikation bei behinderten Menschen. Lorenz-von-Stein-Institut, Universität Kiel, Kiel.

Burghardt, H. (2019): Umgang mit Multimorbidität und Multimedikation. Kohlhammer, Stuttgart.

Burow, J. F. u. a. (Hrsg.) (2019): Mensch und Welt im Zeichen der Digitalisierung. Perspektiven der Philosophischen Anthropologie Plessners. Nomos, Baden-Baden.

Castells, M. (2017): Der Aufstieg der Netzwerkgesellschaft. Das Informationszeitalter. Wirtschaft. Gesellschaft. Kultur, Bd. 1., 2. Aufl. Springer VS, Wiesbaden.

Claßen, K. u. a (2014): Umwelten des Alterns. Wohnen, Mobilität, Technik und Medien. Kohlhammer, Stuttgart.

Coenen, C. u. a. (Hrsg.) (2010): Die Debatte über „Human Enhancement“. Historische, philosophische und ethische Aspekte der technologischen Verbesserung des Menschen. transcript, Bielefeld.

Dabrowski, M., Radtke, M. & Ehret, P. (Hrsg.) (2020): Digitale Transformation und Solidarität. Schöningh, Paderborn.

Dierks, M.-L. (2019): Gesundheitsbezogene Selbsthilfe in Deutschland – immer höher, immer weiter? In: DAG Selbsthilfegruppen (Hrsg.): Selbsthilfegruppenahrbuch 2019. Gießen: 116-121.

Dünkel, F., Herbst, M. & Schlegel, T. (Hrsg.) (2014): Think Rural! Dynamiken des Wandels in peripheren ländlichen Räumen und ihre Implikationen für die Daseinsvorsorge. Springer VS, Wiesbaden.

Ehrhardt, K. (2019): Selbsthilfe in Zeiten von Twitter, Facebook und Co. In: DAG Selbsthilfegruppen (Hrsg.): Selbsthilfegruppenjahrbuch 21. Gießen: 40-46.

Ehrlich, U. & Kelle, N. (2019): Pflegende Angehörige in Deutschland: Wer pflegt, wo, für wen und wie? Zeitschrift für Sozialreform 65 (2): 175-203.

Elias, N. & Scotson, J. L. (2002): Etablierte und Außenseiter. Suhrkamp, Frankfurt am Main.

Engelke, K. M. (2018): Die journalistische Darstellung von Vertrauen, Misstrauen und Vertrauensproblemen im der Digitalisierung. Nomos, Baden-Baden.

Fachinger, U. & Künemund, H. (Hrsg.) (2015): Gerontologie und ländlicher Raum. Springer VS, Wiesbaden.

Foundational Economy Collective (2019): Die Ökonomie des Alltags. Für eine neue Infrastrukturpolitik. Suhrkamp, Frankfurt am Main.

Fischer, F. & Krämer, A. (Hrsg.) (2016): eHealth in Deutschland. Springer, Berlin.

Freise, M. & Zimmer, A. (Hrsg.) (2019): Zivilgesellschaft und Wohlfahrtsstaat im Wandel. Springer VS, Wiesbaden.

Friedrich, O. (2013): Persönlichkeit im Zeitalter der Neurowissenschaften. Eine kritische Analyse neurowissenschaftlicher Eingriffe in die Persönlichkeit. transcript, Bielefeld.

Friese, H. u. a. (Hrsg.) (angekündigt 2020): Handbuch soziale Praktiken und Digitale Alltagswelten. Springer VS, Wiesbaden.

Fromm, S. u. a. (2019): Unterstützung in der Nachbarschaft. Springer VS, Wiesbaden.

Fürst, R. A. (2019): Gestaltung und Management der digitalen Transformation. Springer VS, Wiesbaden.

Gabriel, M. & Eckoldt, M. (2019): Die ewige Wahrheit und der neue Realismus. Gespräche über (fast) alles, was der Fall ist. Carl-Auer, Heidelberg.

Genth, R. (2002): Über Maschinisierung und Mimesis. Erfindungsgeist und mimetische Begabung im Widerstreit und ihre Bedeutung für das Mensch-Maschine-Verhältnis. Lang, Frankfurt am Main.

Gierke, O. (1902): Das Wesen der menschlichen Verbände. Nachdruck. Duncker & Humblot, Berlin.

Giertz-Birkholtz, A. (2006): Virtuelle Selbsthilfe im Internet – wie funktioniert das? In: DAG Selbsthilfegruppen (Hrsg.): Selbsthilfegruppenjahrbuch 2006. Gießen: 11-16.

Görgen, A. & Simond, S. H. (2020): Krankheit in digitalen Spielen. transcript, Bielefeld.

Grebe, H. (2019): Demenz in Medien, Zivilgesellschaft und Familie. Springer VS, Wiesbaden.

Griffith, K. M. (2017): Mental health Internet support groups: just a lot of talk or a valuable intervention? World psychiatry 16 (3): 247-248.

Griffith, K. M., Calear, A. L., Banfield, M. (2009): Systematic review on Internet Support Groups (ISGs) and depression (1): Do ISGs reduce depressive symptoms? Journal of medical Internet research 11 (3): e40.

Gruen, E. (2018): Arbeit und Technik. Von Prometheus zu Pepper. Militzke, Leipzig.

Grund, A. (Hrsg.) (2015): Opfer, Geschenke, Almosen. Kohlhammer, Stuttgart.

Grundmann, M. (Hrsg.) (2018): Gesellschaft von unten!? Studien zur Formierung zivilgesellschaftlicher Graswurzelinitiativen. Juventa in Beltz, Weinheim und Basel.

Haker, H., Lauber, C., Rossler, W. (2005): Internet forums: a self-help approach for individuals with schizophrenia? Acta Psychiatrica Scandinavica 112 (6): 474-477.

Hanley, T., Prescott, J. & Gomez, K. U. (2019): A systematic review exploring how young people use online forums for support around mental health issues. Journal of Mental Health 28 (5): 566-576.

Hardt, J., Ochs, M. & Cramer-Düncher, U. (Hrsg.) (2010): Verloren in virtuellen Welten. Vandenhoeck & Ruprecht, Göttingen.

Harrasser, K. (2013): Körper 2.0. Über die technische Erweiterbarkeit des Menschen. transcript, Bielefeld.

Harrasser, K. & Roeßinger, S. (Hrsg.) (2016): Parahuman. Neue Perspektiven auf das Leben mit Technik. Böhlau, Köln.

Heidkamp, B. & Kergel, D. (2018): E-Inclusion – diversitätssensibler Einsatz digitaler Medien. wbv Media, Bielefeld.

Heinze, R. G., Kurtenbach, S. & Üblacker, J. (Hrsg.) (2019): Digitalisierung und Nachbarschaft. Erosion des Zusammenlebens oder neue Vergemeinschaftung? Nomos, Baden-Baden.

Helms, U. & Klemperer, D. (2015): Gesundheitsbezogene Selbsthilfe. Interessenkonflikte durch Pharma-Sponsoring. Internistische Praxis. Zeitschrift für die gesamte Innere Medizin (1): 173-178.

Hepp, A., Berg, M. & Roitsch, C. (2014): Medialisierte Welten der Vergemeinschaftung. Kommunikative Vernetzung und das Gemeinschaftsleben junger Menschen. Springer VS, Wiesbaden.

Henne, M. (2019): Technik, die begeistert!? Ethische Reflexionen technischer Unterstützung in der Diakonie ausgehend vom Capabilities Approach nach Martha Nussbaum. Nomos, Baden-Baden.

Herbst, M., Dünkel, F. & Stahl, B. (Hrsg.) (2016): Daseinsvorsorge und Gemeinwesen im ländlichen Raum. Springer VS, Wiesbaden.

Hergesell, J. (2019): Technische Assistenzen in der Altenpflege. Juventa in Beltz, Weinheim und Basel.

Hergesell, J., Maibaum, A. & Meister, M. (Hrsg.) (2020): Genese und Folgen der Pflegerobotik. Die Konstitution eines interdisziplinären Forschungsfeldes. Juventa in Beltz, Weinheim und Basel.

Highton-Williamson, E., Priebe, S. & Giacco, D. (2015): Online social networking in people with psychosis: A systematic review. The International Journal of Social Psychiatry 61 (1): 92-101.

Hirsch, M. (2017): Schuld und Schuldgefühl. 7., überarb. Aufl. Vandenhoeck & Ruprecht, Göttingen.

Houlihan, M. C. & Tariman, J. D. (2017): Comparison of Outcome measures for traditional and online support groups for breast cancer patients: An integrative literature review. Journal of the Advanced Practitioner in Oncology 8 (4): 348-359.

Huber, J. u. a. (2018): Face-to-face vs. online peer support groups for prostate cancer: A cross-sectional comparison study. Journal of Cancer Survivorship: Research and Practice 12 (1): 1-9.

Hülsken-Giesler, M. & Remmers, H. (angekündigt 2020): Autonome Assistenzsysteme in der Pflege. Potenziale und Grenzen aus Sicht der Pflegewissenschaft. V&R unipress, Göttingen.

Hünniger, J. (2019): Selbsthilfeforen als Ressource sozialer Unterstützung. Springer VS, Wiesbaden.

Hummel, K. & Timm, G. (Hrsg.) (2020): Demokratie und Wohlfahrtspflege. Nomos, Baden-Baden.

Hundertmark-Mayser, J. & Walther, M. (2010): Selbsthilfe im Internet – ein innovativer Versorgungsweg für Betroffene?! Das Gesundheitswesen 72 (8).

Hundermark-Mayser, J. & Walther, M. (2012): Selbsthilfe im Web 2.0: Zwischenbilanz und Perspektiven. In: DAG Selbsthilfegruppen (Hrsg.): Selbsthilfegruppenjahrbuch 2012. Gießen: 176-182.

Hundertmark-Mayser, J. & Helms, U. (2019): Unterstützung von Selbsthilfegruppen – gesellschaftliche Herausforderungen für Selbsthilfekontaktstellen und aktuelle Ansätze. Bundesgesundheitsblatt 62 (1): 32-39.

Inthorn, J. & Seising, R. (Hrsg.) (2020): Digitale Patientenversorgung. Zur Computerisierung von Diagnostik, Therapie und Pflege. transcript, Bielefeld.

Irrgang, B. (2020): Roboterbewusstsein, automatisiertes Entscheiden und Transhumanismus. Königshausen & Neumann, Würzburg.

Jenssen, S. (2015): Der öffentliche Personennahverkehr als Rechtsbegriff. wvb, Berlin.

Kardorff, E. v. (2011): Soziale Netzwerke in der Rehabilitation und im Gesundheitswesen. In: Stegbauer, C. & Häußling, R. (Hrsg.): Handbuch Netzwerkforschung. VS, Wiesbaden: 715-724.

Kasprowicz, D. & Rieger, S. (Hrsg.) (2020): Handbuch Virtualität. Springer VS, Wiesbaden.

KDA (Hrsg.) (2014): Wohnatlas. Rahmenbedingungen der Bundesländer beim Wohnen im Alter. 2 Bde. KDA, Köln.

KDA (Hrsg.) (2017): ProAlter Sonderausgabe Oktober 2017: Sozialraumorientierte Ansätze für ein gelingendes Alter(n). Kommunale Handlungsfelder des Siebten Altenberichts. Medhochzwei, Heidelberg.

KDA (Schulz-Nieswandt, F. u. a.: Hrsg.): ProAlter 50 (2) 2018: Generation Baby-Boomer. medhochzwei, Heidelberg.

KDA (Schulz-Nieswandt, F. u. a.: Hrsg.): ProAlter 51 (2) 2019a: Digitalisierung und Alter. medhochzwei, Heidelberg.

KDA (Schulz-Nieswandt. F. u. a.: Hrsg.): ProAlter 51 (3) 2019b: Hygiene in der stationären Pflege. medhochzwei, Heidelberg.

KDA (Schulz-Nieswandt, F. u. a.: Hrsg.): ProAlter 51 (4) 2019c: Einsamkeit und Alter. medhochzwei, Heidelberg.

Kersten, J., Neu, C. & Vogel, B. (2019): Politik des Zusammenhalts. Über Demokratie und Bürokratie. Hamburger Edition, Hamburg.

Kingod, N. u. a. (2017): Online peer-to-peer communities in the daily lives of people with chronic illness. Qualitative Health Research 27 (1): 89-99.

Kirchschläger, P. G. (demnächst 2020): Digital transformation and ethics. Ethical considerations on the robotization and automatization of society and economy and the use of artificial intelligence. Nomos, Baden-Baden.

Klages, H. (1958): Der Nachbarschaftsgedanke und die nachbarliche Wirklichkeit in der Großstadt. VS, Wiesbaden.

Kluth, W. (2015): Der gemeinsame Bundesausschuss (G-BA) nach § 91 SGB V aus der Perspektive des Verfassungsrechts: Aufgaben, Funktionen und Legitimation. Duncker & Humblot, Berlin.

Koch, G. (Hrsg.) (2016): Digitalisierung. Theorien und Konzepte für die empirische Kulturforschung. Herbert von Halem, Köln.

Köhne, R. (2019): Fostering local caring community building through mutual-aid funding in accordance with § 20h SGB V and § 45d SGB XI, using the example of the social network Lausitz. Masterarbeit, Universität zu Köln. Wird erscheinen in der Zeitschrift für öffentliche und gemeinwirtschaftliche Unternehmen (2020).

Königshofen, M. (2015): Daseinsvorsorge in Zeiten des demographischen Umbruchs. wvb, Berlin.

Köstler, U. (2013): Internetselbsthilfe – Ende der genossenschaftlichen Selbsthilfe? Zeitschrift für öffentliche und gemeinwirtschaftliche Unternehmen 36 (4): 285-301.

Köstler, U. (2018): Seniorengenossenschaften. Ein morphologischer Überblick zu gemeinwirtschaftlichen Gegenseitigkeits-Gebilden der sozialraumorientierten Daseinsvorsorge. Nomos, Baden-Baden.

Kofahl, C. (2018): Gesundheitsbezogene Selbsthilfe in Deutschland – Entwicklungen, Wirkungen, Perspektiven (SHILD). Zeitschrift für öffentliche und gemeinwirtschaftliche Unternehmen 41 (1/2): 70-80.

Kofahl, C., Schulz-Nieswandt, F. und Dierks, M.-L. (Hrsg.) (2016): Selbsthilfe und Selbsthilfeunterstützung in Deutschland. LIT, Berlin.

Konopik, N. (2019): Gesundheitskompetenz im Alter. Springer VS, Wiesbaden.

Krimmer, H. (Hrsg.) (2019): Datenreport Zivilgesellschaft. Springer VS, Wiesbaden.

Kremer-Preiß, U. (2020): Pflegerische Vollversorgung weiter entwickeln – „Stationäre Hausgemeinschaften“, „Quartiershäuser“ – wo geht die Reise hin? Erscheint demnächst in ProAlter 52. medhochzwei, Heidelberg.

Kremer-Preiß, U. & Mehnert, T. (2019): Quartiers-Monitoring. medhochzwei, Heidelberg.

Kreß, J. (2016): Onlinecommunities für Senioren. Wie virtuelle Netzwerke als Unterstützung im Alltag dienen. Springer VS, Wiesbaden.

Künemund, G. & Fachinger, U. (Hrsg.) (2018): Alter und Technik. Springer VS, Wiesbaden.

Leimeister, J. M. (2005): Virtuelle Communities für Patienten. DUV, Wiesbaden.

Lindenau, M. & Meier Kressig M (Hrsg.) (2020): Schöne neue Welt? Zwischen technischen Möglichkeiten und ethischen Herausforderungen. transcript, Bielefeld.

Lochner, D. (2014): Storytelling in virtuellen Welten. UVK, Konstanz.

Mackert, M. u. a. (2015): The many health literacies: Advancing research or fragmentation? J Health Commun 30 (12): 1161-1165.

Marshall, T. (1992): Bürgerrechte und soziale Klassen. Zur Soziologie des Wohlfahrtsstaates. (1950). Campus, Frankfurt am Main.

Mason, P. (2019): Klare, lichte Zukunft. Eine radikale Verteidigung des Humanismus. Suhrkamp, Berlin.

Matzat, J. (2019): Selbsthilfe – Was es ist, und was es nicht ist. In: DAG Selbsthilfegruppen (Hrsg.): Selbsthilfegruppenjahrbuch 21, Gießen: 154-161.

Medina, E. L., Loques Filho, O., Mesquita, C. T. (2013): Health social networks as online life support groups for patients with cardiovascular diseases. Arquivos brasileiros de cardiologia 101 (2): e39-e45.

Messan, M. (2019): Die Anwaltsfunktion der freien Wohlfahrtspflege. Juventa in Beltz, Weinheim und Basel.

Messer, M. (2018): Patientenpartizipation aus Sicht der Pflege. Juventa in Beltz, Weinheim und Basel.

Meixner, W. (2020): Wollt ihr die totale Digitalisierung? Rückkehr der Vernunft in Zeiten triumphalen Unheils. Westend, Frankfurt am Main.

Michels, R. (2008): Soziale Bewegungen zwischen Dynamik und Erstarrung. De Gruyter, Berlin und New York.

Miller, D. (2012): Das wilde Netzwerk. Ein ethnologischer Blick auf Facebook. Suhrkamp, Frankfurt am Main.

Mitleger-Lehner, R. (2015): Rechtsformen der gemeinschaftlichen Selbsthilfe im Vergleich. In: DAG Selbsthilfegruppen (Hrsg.): Selbsthilfegruppenjahrbuch 2015. Gießen: 183-191.

Müller, R. u. a. (Hrsg.) (2019): Handbuch Mensch-Roboter-Konstellation. Hanser, München.

Nonoff, H. u. a. (2019): Erstellung eines Bewertungssystems für virtuelle Selbsthilfegruppen am Beispiel deutschsprachiger Krebsforen. Z Psychosom Med Psychoth 65: 272-287.

Nolting, H.-D., Deckenbach, B. & Tisch, T. (2017): Versorgungsreport Mutimorbidıtat ım Alter. medhochzwei, Heidelberg.

Obermeier, C. (2020): Seniorinnen und Senioren im Kontext der digitalen Revolution. Juventa in Beltz, Weinheim und Basel.

Parsons, T. (1951): The social system. Routledge, London.

Paschke, N. (2013): Erfolgsdeterminanten von Communities in virtuellen Welten. Hampp, München.

Pauli, B. A. (2019): Experteninterviews zu Stärken, Schwächen, Chancen und Risiken von Gesundheitsbezogener virtueller (Selbst-)Hilfe mittels Podcasts in Deutschland. Unveröffentlichte Masterarbeit im Verbundstudiengang Versorgungswissenschaft der Universität zu Köln. Köln.

Petzold, H., Horn, E. & Müller, L. (Hrsg.) (2010): Hochaltrigkeit. Springer VS, Wiesbaden.

Pfeiffer, S. (2020): Digitalisierung als Distributivkraft. Über das Neue am digitalen Kapitalismus. transcript, Bielefeld.

Philipp, C. (2019): EU und Daseinsvorsorge. Utzverlag, München.

Picker, C. (2019): Genossenschaftsidee und Governance. Mohr Siebeck, Tübingen.

Preiß, H. (2011): Gesundheitsbezogene virtuelle Selbsthilfe. Neue Chance oder Verstärkung gesundheitlicher Ungleichheit? Archiv für Wissenschaft und Praxis der sozialen Arbeit 42 (3): 77-85.

Preuss, H. (1889): Gemeinde, Staat, Reich als Gebietskörperschaften. Versuch einer deutschen Staatskonstruktion auf Grundlage der Genossenschaftstheorie. Nachdruck. Duncker & Humblot, Berlin.

Quenzer, B. (2018): Virtuelle Selbsthilfe – geht das überhaupt? In: DAG Selbsthilfegruppen (Hrsg.): Selbsthilfegruppenjahrbuch 20. Gießen: 38-45.

Rauterbach, H. (2013): Wir sind die Stadt! Urbanes Leben in der Digitalmoderne. 4. Aufl. Suhrkamp, Frankfurt am Main.

Remmers, P. (2018): Mensch-Roboter-Interaktion. Philosophische und ethische Perspektiven. Logos, Berlin.

Reutlinger, C., Stiehler, S. & Lingg, E. (Hrsg.) (2015): Soziale Nachbarschaften. Springer VS, Wiesbaden.

Richter, S. (2018): Infrastruktur. Ein Schlüsselkonzept der Moderne und die deutsche Literatur 1848–1914. Matthes & Seitz, Berlin.

Riesewieck, M. & Block, H. (angekündigt 2020): Die digitale Seele. Unsterblich werden im Zeitalter künstlicher Intelligenz. Goldmann, München.

Rietmann, S., Sawatzki, M. & Berg, M. (Hrsg.) (2019): Beratung und Digitalisierung. Zwischen Euphorie und Skepsis. Springer VS, Wiesbaden.

Roder, S. (2020): Leben mit einer Neuroprothese. Die Teilhabe von Menschen mit einem Cochlea-Implantat an der Gesellschaft. Springer VS, Wiesbaden.

Rold, A. & Sagawe, A. (2015): Des Googles Kern und andere Spinnennetze. Die Architektur der digitalen Gesellschaft. UVK, Konstanz.

Rudolph, S. (2019): Digitale Medien, Partizipation und Ungleichheit. Eine Studie zum sozialen Gebrauch des Internets. Springer VS, Wiesbaden.

Sahle, R. (1987): Gabe, Almosen, Hilfe. Fallstudien zu Struktur und Deutung der Sozialarbeiter-Klient-Beziehung. VS, Springer.

Schachtner, C. (2016): Das narrative Subjekt – Erzählen im Zeitalter des Internets. transcript, Bielefeld.

Schachtner, C. & Höber, A. (Hrsg.) (2008): Learning Communities. Campus, Frankfurt am Main und New York.

Schaeffer, D. & Pelikan, J. (Hrsg.) (2016): Health Literacy. Forschungsstand und Perspektiven. Hogrefe, Göttingen.

Schmid, C. (2020): Ver-rückte Expertisen. Ethnografische Perspektiven auf Genesungsbegleitung. transcript, Bielefeld.

Schneider, U. K. (2016): Einrichtungsübergreifende elektronische Patientenakten. Zwischen Datenschutz und Gesundheitsschutz. Springer VS, Wiesbaden.

Schnell, M. W. & Dunger, C. (Hrsg.) (2019): Digitalisierung der Lebenswelt. Studien zur Krisis nach Husserl. Velbrück, Weilerswist.

Schreiber, A. & Gründel, M. (2000): Virtuelle Gemeinschaften? In: Jazbinsek, D. (Hrsg.): Gesundheitskommunikation. VS, Wiesbaden: 164-182.

Schrems, B. M. (2020): Vulnerabilität in der Pflege. Juventa in Beltz, Weinheim und Basel.

Schütz, R., Hildt, E. & Hampel, J. (Hrsg.) (2016): Neuroenhancement. Interdisziplinäre Perspektiven auf eine Kontroverse. transcript, Bielefeld.

Schulz-Nieswandt, F. (2006): Sozialpolitik und Alter. Kohlhammer, Stuttgart.

Schulz-Nieswandt, F. (2010): Medizinkultur im Wandel? Duncker & Humblot, Berlin.

Schulz-Nieswandt, F. (2011a): Gesundheitsselbsthilfegruppen und ihre Selbsthilfeorganisationen in Deutschland. Der Stand der Forschung im Lichte der Kölner Wissenschaft von der Sozialpolitik und des Genossenschaftswesens. Nomos, Baden-Baden.

Schulz-Nieswandt, F. (2011b): Berufsgenossenschaften und Europarecht. Eine sozialökonomische Analyse. Duncker & Humblot, Berlin.

Schulz-Nieswandt, F. (2011c): Öffentliche Daseinsvorsorge und Existenzialismus. Eine gouvernementale Analyse unter besonderer Berücksichtigung der Wasserversorgung. Nomos, Baden-Baden.

Schulz-Nieswandt, F. (2012a): „Europäisierung" der Sozialpolitik und der sozialen Daseinsvorsorge? Eine kultursoziologische Analyse der Genese einer solidarischen Rechtsgenossenschaft. Duncker & Humblot, Berlin.

Schulz-Nieswandt, F. (2012): Gemeinschaftliches Wohnen im Alter in der Kommune. Das Problem der kommunalen Gastfreundschaftskultur gegenüber dem homo patiens. Duncker & Humblot, Berlin.

Schulz-Nieswandt, F. (2013a): Zur Formlogik und funktionellen Grammatik von Sparkassen und Kreditgenossenschaften – zwei ungleiche Zwillinge? In: Rösner, H. J. & Schulz-Nieswandt, F. (Hrsg.): Kölner Beiträge zum Internationalen Jahr der Genossenschaften 2012. LIT, Münster: 205-226.

Schulz-Nieswandt, F. (2013b): Das Privatisierungs-Dispositiv der EU-Kommission. Duncker & Humblot, Berlin.

Schulz-Nieswandt, F. (2014a): EU-Binnenmarkt ohne Unternehmenstypenvielfalt? Die Frage nach den Spielräumen (dem modalen WIE) kommunalen Wirtschaftens im EU-Binnenmarkt. Nomos, Baden-Baden.

Schulz-Nieswandt, F. (2014b): Onto-Theologie der Gabe und das genossenschaftliche Formprinzip. Nomos, Baden-Baden.

Schulz-Nieswandt, F. (2015a): Bürgerschaftliches Engagement im Kontext kommunaler Daseinsvorsorge. In: Exner, S. u. a. (Hrsg.): Silver-Age, Versorgungsfall oder doch ganz anders? Perspektiven auf Alter(n) und Altsein erweitern! Nomos, Baden-Baden: 58-77.

Schulz-Nieswandt, F. (2015b): Gesundheitsbezogene und soziale Selbsthilfegruppen als bürgerschaftliches Engagement im sozialräumlichen Kontext kommunaler Daseinsvorsorge. In: DAG Selbsthilfegruppen (Hrsg.): Selbsthilfegruppenjahrbuch 2015. Gießen: 134-149.

Schulz-Nieswandt, F. (2015c): Metamorphosen zur gemeinwirtschaftlichen Genossenschaft. Grenzüberschreitungen in subsidiärer Geometrie und kommunaler Topologie. Nomos, Baden-Baden.

Schulz-Nieswandt, F. (2015d): Sachzieldominanz in der kommunalen Daseinsvorsorge. Eine haltungspflegerische Erinnerung. Zeitschrift für öffentliche und gemeinwirtschaftliche Unternehmen 38 (2/3): 223-231.

Schulz-Nieswandt, F. (2016a): Inclusion and local community building in the context of European social policy and international human social right. Nomos, Baden-Baden.

Schulz-Nieswandt, F. (2016b): Hybride Heterotopien. Metamorphosen der „Behindertenhilfe“. Ein Essay. Nomos, Baden-Baden.

Schulz-Nieswandt, F. (2016c): Sozialökonomie der Pflege und ihre Methodologie. Nomos, Baden-Baden.

Schulz-Nieswandt, F. (2016d): Im alltäglichen Labyrinth der sozialpolitischen Ordnungsräume des personalen Erlebnisgeschehens. Eine Selbstbilanz der Forschungen über drei Dekaden. Duncker & Humblot, Berlin.

Schulz-Nieswandt, F. (2017a): Kommunale Daseinsvorsorge und sozialraumorientiertes Altern. Zur theoretischen Ordnung empirischer Befunde. Nomos, Baden-Baden.

Schulz-Nieswandt, F. (2017b): Menschenwürde als heilige Ordnung. Eine dichte Re-Konstruktion der sozialen Exklusion im Lichte der Sakralität der personalen Würde. transcript, Bielefeld.

Schulz-Nieswandt, F. (2017c): Personalität, Wahrheit, Daseinsvorsorge. Spuren eigentlicher Wirklichkeit des Seins. Königshausen & Neumann, Würzburg.

Schulz-Nieswandt, F. (2017d): Kölner Genossenschaftsforschung. Zur Geschichte und Aktualität eines Programms. In: Schulz-Nieswandt, F. & Schmale, I. (Hrsg.): Genossenschaftswissenschaft an der Universität zu Köln: Die ersten 90 Jahre! LIT, Berlin: 21-50.

Schulz-Nieswandt, F. (2017e): Genossenschaftliche Selbsthilfe in anthropologischer Perspektive. In: Schmale, I. & Blome-Drees, J. (Hrsg.): Genossenschaft innovativ. Springer VS, Wiesbaden, 345-362.

Schulz-Nieswandt, F. (2017f): Erhart Kästner (1904–1974). Griechenlandsehnsucht und Zivilisationskritik der „konservativen Revolution“. transcript, Bielefeld.

Schulz-Nieswandt, F. (2018a): Zur Metaphysikbedürftigkeit empirischer Alter(n)ssozialforschung. Nomos, Baden-Baden.

Schulz-Nieswandt, F. (2018b): Biberacher „Unsere Brücke e. V.“ Redundanz im bunten Flickenteppich der Beratung, Fallsteuerung und Netzwerkbildung oder Modell der Lückenschließung? Nomos, Baden-Baden.

Schulz-Nieswandt, F. (2018c): Lokale generische Strukturen der Sozialraumbildung. § 20h SGB V und § 45d SGB XI im Kontext kommunaler Daseinsvorsorge. Nomos, Baden-Baden.

Schulz-Nieswandt, F. (2018d): Bridging the gap. Ein Kommentar zu Beispielen der Brückenfunktionsbildung im Kontext der Krankenhausentlassung gemäß § 11 (4) SGB V. Pflege und Gesellschaft 23 (4): 373-374.

Schulz-Nieswandt, F. (2018e): Morphologie und Kulturgeschichte der genossenschaftlichen Form. Eine Metaphysik in praktischer Absicht unter besonderer Berücksichtigung der Idee des freiheitlichen Sozialismus. Nomos, Baden-Baden.

Schulz-Nieswandt, F. (2018f): Märkte der Sozialwirtschaft. In: Grunwald, K. & Langer, A. (Hrsg.): Handbuch der Sozialwirtschaft. Nomos, Baden-Baden: 739-755.

Schulz-Nieswandt, F. (2018g): Genossenschaftsartige Selbsthilfe im Kontext gesundheitsbezogener Daseinsvorsorge im Zeitalter der Digitalisierung. Zeitschrift für öffentliche und gemeinwirtschaftliche Unternehmen 41 (4): 280-297.

Schulz-Nieswandt, F. (2018h): Der passiv konsumierende Homo Digitalis. Selbsthilfe im Zeitalter der Digitalisierung. Von Selbsthilfeorganisationen zu Patientenvertretungen. In: Paritätinform Baden-Württemberg, Dezember: 22-23.

Schulz-Nieswandt, F. (2018i): Die Idee der Caring Communities und die Rolle des genossenschaftlichen Formprinzips. In: Evangelische Kirche Rheinland (Hrsg.): Teilhabe und Teilnahme. Zukunftspotenziale der Genossenschaftsidee. Beiträge des Evangelischen Raiffeisenkongresses 18./19.6.2018 in Bonn. epd-Dokumentation, 47: 45-51.

Schulz-Nieswandt, F. (2018j): Caring Communities in alternden Gesellschaften. Eine genossenschaftswissenschaftlich inspirierte dichte, aber auch auf Lichtung abstellende Darlegung als Metaphysik des Sozialen. Zeitschrift für öffentliche und gemeinwirtschaftliche Unternehmen 41 (3): 227-240.

Schulz-Nieswandt, F. (2018k): Metaphysik der Sozialpolitik. Richard Seewald und der *Renouveau catholique:* Spurensuche auf dem Weg zum religiösen Sozialismus. Königshausen & Neumann, Würzburg.

Schulz-Nieswandt, F. (2019a): Daseinsvorsorge. In: Ross, F., Rund, M. & Steinhaußen, J. (Hrsg.): Alternde Gesellschaften gerecht gestalten. Stichwörter für die partizipative Praxis. Barbara Budrich, Opladen u. a.: 219-227.

Schulz-Nieswandt, F. (2019b). Das Gemeindeschwester^{plus}-Experiment in Modellkommunen des Landes Rheinland-Pfalz. Der Evaluationsbericht im Diskussionskontext. Nomos, Baden-Baden.

Schulz-Nieswandt, F. (2019c): Person – Selbsthilfe – Genossenschaft – Sozialversicherung – Neo-Korporatismus – Staat. Nomos, Baden-Baden.

Schulz-Nieswandt, F. (2019d): Gestalt-Fiktionalitäten dionysischer Sozialpolitik. Eine Metaphysik der Unterstützungstechnologien im Kontext von Krankenhausentlassung und der Idee eines präventiven Hausbesuchs als Implementationssetting. Nomos, Baden-Baden.

Schulz-Nieswandt, F. (2019e): Selbsthilfe. In: Bramesfeld, A., Koller, M. & Salize, H.-J. (Hrsg.): Public Mental Health. Regulierung der Versorgung für psychisch kranke Menschen. Hogrefe, Bern: 233-260.

Schulz-Nieswandt, F. (2019f): System versus Lebenswelt? Die Gesundheitsselbsthilfe zwischen neo-korporatistischer Einbindung und sozialraumorientierter Förderung. Sozialer Fortschritt (68) 6: 497-518.

Schulz-Nieswandt, F. (2019g): Die Formung zum Homo Digitalis. Ein tiefenpsychologischer Essay zur Metaphysik der Digitalisierung. Königshausen & Neumann, Würzburg.

Schulz-Nieswandt, F. (2019h): Die Selbsthilfe von morgen. Gesundheit und Gesellschaft Spezial 22 (1): 6-7.

Schulz-Nieswandt, F. (2019i): Zum Framing der Alter(n)sdiskurse durch die Blickweise der Altenberichtskommissionen. Medien & Altern (14): 16-27.

Schulz-Nieswandt, F. (2019k): Die unvollkommene Paideia. Eine psychomotorische Hermeneutik meiner Odyssee zwischen Schicksal und Freiheit. Königshausen & Neumann, Würzburg.

Schulz-Nieswandt, F. (2020a): Der Sektor der stationären Langzeitpflege im sozialen Wandel. Eine querdenkende sozialökonomische und ethnomethodologische Expertise. Springer VS, Wiesbaden.

Schulz-Nieswandt, F. (2020b): Siegfried Katterle (1933–2019). Sein Werk im Lichte der politischen Theologie von Paul Tillich. Duncker & Humblot, Berlin.

Schulz-Nieswandt, F. (2020c): Sozialrechtliche Möglichkeiten der Sozialraumorientierung. In: Wegner, G. & Lämmlin, G. (Hrsg.): Kirche im Quartier: die Praxis. Evangelische Verlagsanstalt, Leipzig.

Schulz-Nieswandt, F. (2020d): Pflegepolitik gesellschaftspolitisch radikal neu denken. Gestaltfragen einer Reform des SGB XI. Grundlagen, Kontexte, Eckpunkte, Dimensionen und Aspekte. Berlin. https://kde.de.

Schulz-Nieswandt, F. (2020e): Der Mensch als Keimträger. Hygieneangst und Hospitalisierung des normalen Wohnens im Pflegeheim. transcript, Bielefeld.

Schulz-Nieswandt, F. (2020f): Gefahren und Abwege der Sozialpolitik im Zeichen von Corona. Zur affirmativen Rezeption von Corona in Kultur, Geist und Seele der „Altenpolitik“. Berlin. https://kde.de. Erscheint überarb. und erw. als „Der alte Mensch als Verschlusssache. Corona und die Verdichtung der Kasernierung in Pflegeheimen“. transcript, Bielefeld 2020.

Schulz-Nieswandt, F. (2020g): Heinrich Federer (1866–1928). Soziogramm und Psychoanalyse eines leidvollen Lebens. Königshausen & Neumann, Würzburg.

Schulz-Nieswandt, F. & Greiling, D. (2019): Sozialwissenschaftliche Perspektiven auf öffentliches Wirtschaften. In: Mühlenkamp, H., Krajewski, M., Schulz-Nieswandt, F. & Theuvsen, L. (Hrsg.): Handbuch Öffentliche Wirtschaft. Nomos, Baden-Baden: 397-428.

Schulz-Nieswandt, F. & Langenhorst, F. (2015): Gesundheitsbezogene Selbsthilfe in Deutschland. Zu Genealogie, Gestalt, Gestaltwandel und Wirkkreisen solidargemeinschaftlicher Gegenseitigkeitshilfe und Selbsthilfeorganisationen. Duncker & Humblot, Berlin.

Schulz-Nieswandt, F. & Köstler, U. (2011): Bürgerschaftliches Engagement im Alter. Kohlhammer, Stuttgart.

Schulz-Nieswandt, F. & Köstler, U. (2012): Das institutionelle und funktionale Gefüge von kommunaler Daseinsvorsorge und bürgerschaftlichem Engagement. Ein anthropologischer Zugang zu einem sozialmorphologisch komplexen Feld in sozialpolitischer Absicht. Zeitschrift für öffentliche und gemeinwirtschaftliche Unternehmen 35 (4): 465-478.

Schulz-Nieswandt, F., Köstler, U., Langenhorst, F. & Hornik, A. (2018): Zur Rolle der Gesundheitsselbsthilfe im Rahmen der Patientenbeteiligung in der gemeinsamen Selbstverwaltung gemäß § 140f SGB V. Eine explorative qualitative Studie und theoretische Einordnungen. Duncker & Humblot, Berlin.

Schwab, K. (2019): Die Zukunft der Vierten industriellen Revolution. Wie wir den digitalen Wandel gemeinsam gestalten. DVA, München.

Sedmak, C. u. a. (Hrsg.) (2011): Der Capability-Approach in sozialwissenschaftlichen Kontexten. Überlegungen zur Anschlussfähigkeit eines entwicklungspolitischen Konzepts. VS, Wiesbaden.

Senne, S. & Hesse, A. (2019): Genealogie der Selbstführung. Zur Historizität von Selbsttechnologien in Lebensratgebern. transcript, Bielefeld.

Seubert, H. (2019): Digitalisierung. Die Revolution von Seele und Polis. Academia Verlag in Nomos, Baden-Baden.

Sixtus, F. u. a. (2019): Teilhabeatlas Deutschland. Berlin Institut für Bevölkerung und Entwicklung, Berlin.

Skutta, S. & Stinke, J. (Hrsg.) (2019): Digitalisierung und Teilhabe. Nomos, Baden-Baden.

Smitten, S. in der (2009): Online-Vergemeinschaftung. Potenziale politischen Handelns im Internet. Nomos, Baden-Baden.

Snyder, L., Cecily, J. & Joosten, L. (2007): Effectiveness of support groups for people with mild to moderate Alzheimer's disease: An evaluative survey. American Journal of Alzheimer's Disease & Other Dementias 22 (1): 14-19.

Spreen, D. (2015): Upgradekultur. Der Körper in der Enhancement-Gesellschaft. transcript, Bielefeld.

Springhart, H. (2016): Der verwundbare Mensch. Sterben, Tod und Endlichkeit im Horizont einer realistischen Anthropologie. Mohr Siebeck, Tübingen.

Stapf, I., Prinzing, M. & Köberer, N. (Hrsg.) (2019): Aufwachsen mit Medien. Zur Ethik mediatisierter Kindheit und Jugend. Nomos, Baden-Baden.

Staubmann, H. & Wenzel, H. (Hrsg.) (2000): Talcott Parsons. Zur Aktualität eines Theorieprogramms. VSA, Wiesbaden.

Steffen, H.-T. & Karlheim, C. (2019): eMentalHealth: Digital produziertes Wissen im Kontext gesundheitlicher Selbsthilfe. In: Dockweiler, C. & Fischer, F. (Hrsg.): ePublicHealth. Hogrefe, Bern: 245-256.

Stiegler, B. (2008): Die Logik der Sorge. Verlust der Aufklärung durch Technik und Medien. 3. Aufl. Suhrkamp, Frankfurt am Main.

Stiftung Münch (Hrsg.) (2017): Robotik in der Gesundheitswirtschaft. Einsatzfelder und Potentiale. medhochzwei, Heidelberg.

Stöhr, R. u. a. (2019): Schlüsselwerke der Vulnerabilitätsforschung. Springer VS, Wiesbaden.

Ückert, S., Sürgit, H. & Diesel, G. (Hrsg.) (2020): Digitalisierung als Erfolgsfaktor für das Sozial- und Wohlfahrtswesen. Nomos, Baden-Baden.

Viehöfer, W. & Wehling, P. (2011): Entgrenzung der Medizin. Von der Heilkunst zur Verbesserung des Menschen? transcript, Bielefeld.

Vilella, G. (2019): E-Democracy. On participation in the digital age. Nomos, Baden-Baden.

Weiß, C. u. a. (2017): Digitalisierung für mehr Optionen und Teilhabe im Alter. Bertelsmann Stiftung, Gütersloh.

Wenzel, H. (1991): Die Ordnung des Handelns. Talcott Parsons' Theorie des allgemeinen Handlungssystems. Suhrkamp, Frankfurt am Main.

Weyer, J. (2019): Die Echtzeitgesellschaft. Wie smarte Technik unser Leben steuert. Campus, Frankfurt am Main und New York.

Wilz, G. & Pfeiffer, K. (2019): Pflegende Angehörige. Hogrefe, Göttingen.

Wolff, M. (angekündigt 2020): Die Anbetung. Über eine Superideologie namens Digitalisierung. Westend, Berlin.

Wooley, B. (2014): Die Wirklichkeit der virtuellen Welten. Springer, Basel.

Wunder, M. (2018): Diskursive Praxis der Legitimierung und Delegitimierung von digitalen Bildungsmedien. Eine Diskursanalyse. Klinkhardt, Bad Heilbrunn.

Wrzeziono, S. K. (2020): Selbsthilfe oder Patientenfachverbände? – Ergebnisse einer explorativen Dokumentenanalyse der GKV-Gemeinschaftsförderung auf Bundesebene. Zeitschrift für öffentliche und gemeinwirtschaftliche Unternehmen 43 (1): 201-244.

Zillien, N. (angekündigt 2020): Digitaler Alltag als Experiment. Empirie und Epistemologie der reflexiven Selbstverwissenschaftlichung. transcript, Bielefeld.

Zimmermann, C. (2012): Der Gemeinsame Bundesausschuss. Normsetzung durch Richtlinien sowie Integration neuer Untersuchungs- und Behandlungsmethoden in den Leistungskatalog der GKV. Springer, Berlin.

Zeitfracht Medien GmbH
Ferdinand-Jühlke-Straße 7
99095 Erfurt, Deutschland
produktsicherheit@kolibri360.de